堂々再婚

Proudly Remarriage

何度でも結婚できる技術

二松まゆみ
Mayumi Futamatsu

WAVE出版

はじめに

「大きくなったらキレイな花嫁さんになりたい。ヒラヒラのドレスを着るの」


そんなキュートな夢を描いていた記憶はありませんか？

女の子はヒラヒラのドレスを着て王子さまに抱っこされる日を夢見るものと私は信じています。

そしてその夢が叶う結婚式当日。

いったい誰が、

「クソッ、コイツの顔なんか見たくもない」

と考える日が来ると想像するでしょう。

子どもを産んで、家族になって、助け合って、一生ラブラブで過ごす保証を得た……と安心すらした結婚式の感情ははかなくも吹き飛んでしまう場合が多数あります。

既婚女性（結婚式当日だけは花嫁）の１００％が夫を愛し抜き、夫が召される瞬間に「あなたに愛されて幸せでした」と涙をぬぐうことは……ありません。

もちろんおじいちゃん、おばあちゃんになっても仲良しでいつくしみ合うご夫婦は、すばらしいカップルだと思います。

愛する努力をおこたらないふたりが一緒になったのです。

とはいえ、気が遠くなるほど長い年月の間に、愛が冷めたり、他の人のほうに飛んでいったりする夫婦が膨大な数がいることを私は知っています。

私が運営する「恋人・夫婦仲相談所」には、日々「新婚時代のやさしい夫に戻ってほしい」と訴える妻たちが訪れます。

「ああ、それってムリッす。ダンナさんも同じように感じてますしね。あのころの妻はもういないって……」

と言いたくなることもあります。

リカバリーのためのアドバイスをしても聞く耳持たぬ状態になってしまっていては、リカバリー不能の場合もあるのです。

「結婚というものは一生に一度。ひとりの人を愛し、苦しいときも病めるときも、浮気されても、耐えて耐えて継続することこそ本物の愛なのだ」

という価値観が美しい時代もありました。

しかし、時代は流れ、女性は意志を表明する時代になったのです。

専業主婦も激減。

現状に〝ガマンできない〟女性、〝絶対ムリ〟と思う女性が出現するのは真っ当なことです。

離婚が3組に1組の時代に「離婚者はダメな人だ」という風潮はありません。

ひとりと一生ラブの結婚観は誰が決めた？　世間か？　世間って何？　と疑問を持つ女性の方々には、「結婚観は自分で決めよう」と伝えたいのです。

一度しかない人生、白馬に乗って迎えに来てくれる王子さまはひとりきりじゃなくてふたりいてもいいじゃないですか！

ひとりめの王子さまは、馬から落ちてしまったと思って、ネクスト王子さまを待ちましょう。

いや、探しに行きましょう。

結婚しよう、何度でも。

自分の気持ちしだいで、
白馬の王子さまは何度でもあらわれる!!

堂々再婚〜何度でも結婚できる技術／もくじ

編集協力 大西桃子
装丁 松田行正＋梶原結実
帯写真 Caiaimage/Tom Merion/Getty Images
本文DTP NOAH
校正 鷗来堂

第 1 章

データで読み解く
結婚・離婚・再婚

離婚を考えているけれど、
いろいろ考えて一歩が踏み出せない。
離婚してしまったことで、自信を失ってしまった……。
そんなみなさんは、ちょっと時代遅れかもしれません。

今や3組に1組の夫婦が離婚し、
4組に1組の夫婦が再婚カップルという時代。
「堂々再婚」は少数派じゃないんです！

安心してください！　3分の1は離婚しています

本書を手にしたみなさんのなかには、「離婚してしまった私にには、何か問題があるんじゃないか……」「バツイチの私を、振り向いてくれる人なんているのかな」なんて不安に思っている人が多いのではないでしょうか？

でもそんなふうにマイナスな気持ちになってしまうのは、もしかしたら「離婚は特別なこと」だと思っているからではありませんか？

それなら安心してください！

今では離婚はもはや、全国あちこちで当たり前のように起こっていることなんですよ。

実際に、厚生労働省による2015年「人口動態統計の年間推計」を見ると、この年の婚姻件数は63万5000組、そして離婚件数は22万5000組となっています。

3組のカップルが結婚する間に、1組以上のカップルが離婚していることになるんですね。

前年の2014年でも、婚姻件数は64万9000組なのに対して、離婚件数は22万2000組、時間で計算してみると、日本では2分そこそこで1組が離婚をしています。

カップ麺にお湯を入れて、できあがる前に、今日もどこかで誰かが離婚しているのですよ。洗濯物を干す20分の間には10組の夫婦が、ドラマを見ている1時間の間には30組の夫婦が、結婚生活にピリオドを打っています。

ちなみに、日本はこれでも先進国のなかでは離婚率は低いほうなのです。

アメリカやイギリス、ドイツ、フランス、ロシアなどでは、2組に1組が離婚しています。

そう、離婚というのは今や、何も特別なことではないのです。

離婚したことで「自分はダメな人間かも」と思っている人は、まずその考えを改めるべき！

最初は「ずっと一緒にいよう」と思っていたのに、離婚に至ってしまった……。

それはたしかに「失敗」ととらえることはできますが、人生の落伍者と思い込み、その後の人生までひっそりと暗く過ごす必要はありません。

同じような失敗をしている人は世の中にはたくさんいるので、あなただけが特別ではありません。

私もそうです、落ち込まないで！

しかも、一度失敗を経験できたあなたは、そこから多くのことを学んでいるはずです。

1婚（初婚のこと）めを目指す初心者はまだ持っていない、結婚で幸せをつかむためのコツや哲学を、知らず知らずのうちに身につけているんです。

それをいかさない手はありませんよね？

自分はどうであれ、結婚は何度でもＯＫ！

離婚や再婚への許容度が高まってきている時代。

世の中の人が離婚・再婚に関してどのような考えを持っているか、掘り下げてみましょう。

私が所長を務める夫婦仲相談所では、２０１４年、ＬＣラブコスメと共同で４２１人の既婚女性にアンケートをとってみました。このアンケートでは、「離婚&再婚に関する考えを教えてください」という質問に、次のような答えが上がってきていました。

「今は人それぞれ。他人のことに口を出す時代ではないのかなと思う」

「本人が幸せなら、離婚や再婚など何度経験してもよいと思う。けど、子どものことを考えるとあまりしないほうがよいのかな？」

「本当に好きな人と、必ずしも若いときに巡り会うとは限らない」

「安易に離婚・再婚を繰り返すのはどうかと思うけれど、価値観が合わないのにそれを妥協できない相手と婚姻関係を続けるのは不毛」

「離婚も再婚も、その人が幸せになる道。離婚したからといって、負け組にはならない」

「女性の意志が尊重されるようになった時代なので、一生夫につくすとか、文句を言わず亭主関白でもガマンする、という夫婦関係にムリせず、離婚もアリだと思う」

「子どものために離婚を踏みとどまる人がいるけど、親が愛し合ってる姿を子どもに見せていくことが、子どもの性格形成に必要だと思う。だから家庭内別居や愛のない家庭なら別れるべき」

自分の離婚についてはほとんど考えたことがないという人もなかにはいましたが、それでも、他人が離婚することについては、多くの人がこのように寛容に考えているんですね。

他人の事情に口を突っ込む時代ではなくなったというのも、一理あります。

日本はこれまで「集団主義」でしたが、今ではビジネスでも「個」の力が求められている時代。隣の人がああだったから、みんなこうだから……という考え方は評価されない時代に入ってきています。

離婚や再婚に対しては多くの人が寛容、そもそも他人にどう思われるかをいちいち考えて行動するような時代でもなくなってきているのではと感じます。

離婚する女性の3割以上は30代

今、日本では3組に1組の夫婦が離婚していると言われているデータはもう少し正確に表現しておきたいと思います。

「3組のカップルが結婚する間に、1組以上のカップルが離婚していることになる」

つまり、「調査した年に結婚した夫婦」と「調査した年に離婚した夫婦」を比べると、3組に1組が離婚ということになるのですが、離婚した夫婦が結婚した年はまちまちですから、正確には「3組に1組の夫婦は必ず離婚している」というわけではありません。

それでも、年間に22万5000組の夫婦が離婚しているというのは事実。

やはり、離婚は今や、めずらしいことではないのです。

では、みなさん、どれくらいの結婚期間を経て離婚しているかというと、2014年の人口動態調査で「結婚生活に入ってから同居をやめたときまでの期間別にみた年次別離婚件数」を見てみると、5年未満の人は33・9%。3組に1組は、5年未満に別れているようですね。

5〜10年で離婚した夫婦は22・4%。半数以上のカップルが、10年以内に別れていることになり、これくらいの期間で、多くの人が「がんばってみたけど、もうムリ！」ということで、次の幸せへ向かって進んでいるわけです。

ついでに離婚を選択した年齢も同調査結果で見ておくと、女性の場合はアラサー、アラフォーの年代に固まっていて、3割以上は30代でした。

［25〜29歳］15・1％［30〜34歳］18・8％［35〜39歳］17・9％［40〜44歳］15・9％

結婚してから5年、10年で離婚する人が多いと考えると、だいたい20代後半で結婚して、アラサー、アラフォーで離婚して再出発を選ぶ人が多いというわけですね。

これくらいの年齢であれば、仕事もまだまだこれからが勝負ですし、再婚だっていくらでもできます。

何十年も生きるのですから、新しい幸せをつかみにいかなきゃ損です！

それに50代、60代だって、それまでのキャリアや自分の得意なことをいかして活躍することはできるし、落ち着いた大人同士の再婚でハッピーになることは可能。

数字があらわしているように、離婚はレアなケースではないのです。

うしろを向いてクヨクヨせずに、次の人生をバラ色にするために、がんばっていきましょう！

既婚女性の6割に、潜在的な離婚願望がある!?

まだ離婚はしていないけれど、今の結婚生活に悩んでいたり、不満なことがあったりして、離婚を考えているという人は多いものです。

今や3組に1組が離婚する時代、どちらかに離婚願望がある夫婦は、もっともっと多いはずです。

では、離婚願望を持つ妻はどれくらいいるのでしょうか。

先の夫婦仲相談所とLCラブコスメとの共同アンケートでは、次のような結果が出ています。

Q 今のパートナーと離婚したいと考えたことはありますか?

［はい］57・7%　［いいえ］42・3%

結婚生活のなかで、離婚という言葉が頭をよぎったことがあるという女性は、なんと6割近くに上っていたのです。

そして、「過去何度くらいありますか?」という質問に、「10回以上」「何度も!」「ずっと考えている」と答えた人は、全体の17・3%。

つまり、5人に3人が離婚を考えたことがあり、6人にひとりは、より強く離婚願望を抱いているということになります。

データは既婚女性のみにとった回答でしたが、男女合わせた調査結果もご紹介しましょう。

少し前ですが、第一生命が2006年に行った「結婚生活に関するアンケート調査」（全国の30～60代の既婚男女800名に実施）では、既婚者たちの離婚願望について、次のようなデータが！

Q 離婚したいと思ったことはあるか？

［よくある］4・8％　［ときどきはある］26・4％

［あまりない］33・8％　［まったくない］35・0％

「よくある」「ときどきはある」という人は3割以上。

「まったくない」をのぞいた、離婚を一度でも考えたことがあるという人は、65％。

男性の回答が入ると、離婚願望を持つ人の割合は少なくなる印象でしょうか……。

このデータの女性だけを見てみると、「まったくない」と答えた人は27・6％。

つまり、残りの72・4％の女性は、少なくとも一度は離婚を考えたことがあるということになり、結婚生活に不安や不満を抱いたことがなく、バッチリうまくいっているという人は、ごく一部だとわかります。

ところが、現実的に離婚する可能性について問われると、いきなりみなさん、消極的になるので、結果はこう出ていました。

Q今後離婚する可能性はあると思うか？

［おそらく離婚すると思う］1・4％　［離婚する可能性はあると思う］5・3％

［離婚したいけどできないと思う］8・3％　［わからない］8・4％

［離婚する可能性はあまりないと思う］35・8％　［離婚する可能性はまったくないと思う］40・7％

実際に離婚に踏み切れそうな人は「おそらく離婚すると思う」「離婚する可能性はあると思う」を合わせた、6％強ほど。

潜在的な離婚願望はあっても、なかなか現実的には考えられないという人が多いようですね。

この調査では、「離婚に踏み切れない理由」についても聞いていますが、多かったのは、「経済的な自立ができない」「子どものことで」「情がある」「社会的な立場を考えて（世間体）」というもので、みなさん同様に離婚という考えを頭のなかからムリヤリ消し去ろうとしている人は、少なからずいるのではないでしょうか。

でも、もう一度自分に問いかけてみてください。

それであなたは、幸せですか？

ガマンして結婚生活を続けて、ハッピーな10年後、ハッピーな老後、ハッピーな最期を迎える、そんなイメージができますか？

もし、少しでも「う〜ん」と思うのなら、この本を読み進めてみてくださいね！

結婚関連業界も再婚市場に注目！

再婚者数は伸びに伸びている時代。「人口統計資料集」（国立社会保障・人口問題研究所）によれば、1980年には再婚した人の数が「夫：8万3817人」「妻：7万3287人」だったのが、2014年には「夫：12万4368人」「妻：10万6585人」になっています。

婚姻総数自体は、約10万件ほど減っているのに、再婚した人の数は夫・妻ともに4万人ほどもアップ！　結婚関連業界が、ここに目をつけないわけがありません。

当然ながら、最近では婚活業界でも、再婚を目指す人をターゲットにしたサービスやイベントが目立つようになり、結婚相談所の楽天オーネットの公式サイト上にあるサービス案内のなかでも、「再婚をお考えの方へ」として次のように書かれています。

「楽天オーネットのご成婚退会カップル2538組のうち約3割が（いずれかが）再婚です」

この2538組というのは、2015年に成婚退会したカップル数だそうですが、このうち658組においては、男女いずれかが再婚、婚活業界においてはもはや、再婚カップルは「視野に入れなければいけない」存在になっているのではないでしょうか。

インターネットの婚活サイト「Ｙａｈｏｏ！お見合い」でも、相手を探す際の条件のなかに、「バツイチ歓迎な男性（女性）」という文言が見られ、ここをワンクリックすれば、再婚へ理解のある人に絞り込んで婚活ができるというわけです。

また、婚活サービスを提供する各社で開かれている婚活パーティーでも、再婚希望者にターゲットを絞ったものが数多く存在します。

「バツイチ＆理解者応援…『本気の恋愛★大人婚Ｓｐｅｃｉａｌ』」
「お子さまと一緒にご参加ＯＫ！　シングルのパパ・ママ再婚支援パーティー」
「婚姻歴あり＆バツイチにご理解がある方限定★お子さまがいない男女編」

今や子ども連れだって、パーティーに参加できてしまい、さらにブライダル市場においても、再婚者をターゲットにしたサービスに力が入れられる。

こちらも、子ども連れをターゲットにして「パパママ婚」「ファミリー婚」といった言葉をよく見かけるようになり、大手ブライダル企業のワタベウェディングでも、２０１１年から「〝パパママ婚〟サポートサービス」を開始。子育てしながらの挙式準備を応援するため、挙式の打ち合わせは１回の来店ですむように電話とメールでサポートしたり、店舗にキッズルームを設備したりと工夫しています。バツあり子持ちでも、理解ある人との出会いをサポートしてもらえるし、結婚式だってきめ細やかに対応してもらえる、いい時代になりましたね！

若者は結婚しないのに、婚姻数は下がらない

最近では、若者の婚姻率が下がってきているのは、みなさんもごぞんじのとおりかと思います。女性の社会進出を背景に晩婚化が進んでいるとも言われ、実際に人口動態調査にも数値としてハッキリあらわれています。

▼年齢別に見た妻の初婚率の年次推移

〈平成7年〉
［20〜24歳］48・89　［25〜29歳］70・64
［30〜34歳］18・45　［35〜39歳］3・84

〈平成27年〉
［20〜24歳］25・66　［25〜29歳］58・31
［30〜34歳］29・06　［35〜39歳］11・49

ここ20年間で、20代で初めて結婚する女性はぐっと少なくなり、逆に30代を超えてから結婚する女性が増えていることがわかります。

とくに20代前半なんて、結婚する人は半分くらいになってしまっています。

平均1婚年齢は、夫が31・1歳、妻29・4歳で、いずれも30歳前後。

若者の晩婚化が進んでなかなか結婚しないにもかかわらず、婚姻件数の下がり具合は、激減はしていません。

出生数とともに、ゆるやかに減ってきているかなという感じです。

少子化が進んで、さらに若者が結婚しないとなったら、もっと婚姻数は減ってもおかしくないのですが……。

このナゾを解き明かせば、理由は「再婚件数が増えているから」なんです。

晩婚化が進んでいようが、人口が減っていようが、同じ人が何度も結婚をしていれば、婚姻件数は下支えされるということなんです。

バツあり女子の再婚活動、現状は？

結婚関連業界も続々と力を入れ始めているバツあり男女の再婚活動。

こうした婚活市場における再婚希望者のみなさんの現状について、もう少しくわしくお伝えしておきましょう。

イオングループの大手結婚相談所、ツヴァイに話を聞いてみると、「20〜30代で、婚歴ありという会員さんが少しずつ増えてきています。現在は、会員さん全体の10〜12％ほどが婚歴ありの方です」とのこと。

ツヴァイでは以前は婚歴ありの方を対象にしたパーティーを開催していたそうですが、最近では離婚はめずらしいことではなくなってきているため、「婚歴ありの方に特別な枠を作らなくてもよくなってきているんです」と教えてくれました。また、お子さま連れでも婚活したいというシングルマザーの会員さんの声に応え、会場で保育士がお子さまを見守るような新しいパーティーも始めているそうです。

そう、離婚は何も、特別なことではないんですね！

特に、相手のプロフィールを見てから紹介してもらうお見合い形式ではなく、パーティーで会って人柄から相手を見極めるようなイベントの場合では、バツがあろうがなかろうが関係ない、という人が多くなっているのだそう。

また、プロフィールから相手を選ぶような場合でも、最初から婚歴のあることをしっかり示せばいいんです。

なぜなら、それを見てあなたに会いたいという人がいれば、その人はすでに「婚歴ありの女性に理解のある男性」ですから、そこで苦労する必要はありませんからね。

「自分の趣味や夢、得意なことや、性格などをしっかりアピールされていれば、そこで『会ってみたいな』と思う人は出てきます」というように、肝心なのは、趣味や価値観、性格といった部分、婚歴のあることを隠す必要はありません。

ただ、離婚したことでネガティブ思考におちいってしまっている場合は、そこをちょっと矯正《きょうせい》する必要はありそうです。

「離婚でつらい思いをしたり、バツイチだからとまわりに言われて傷ついたりした人のなかには、自分に自信が持てなくなっている方も多いんです。ですからまずは、自信を取り戻すところからスタートかもしれません。実際、うまく再婚にたどり着いている女性は、みなさんとても元気でいきいきしていることが多いんです。そのうえでさらに、前の経験を踏まえて、冷静に再婚を判断されていきます」

幸せになれる、と自信を持ったバツあり女性は強し、ということですね。

ツヴァイでは、婚活での不安を会員さんから相談されることもよくありますが、「未婚の方だと理想が高すぎたり、どこで折り合いをつけるかがわからなかったり、初歩的なところで異性とどうコミュニケーションをとればいいかがわからなかったりということがあります。一方、婚歴のある方は、未婚の方と比べて男女の機微がよくわかっています。結婚がどういうものかも経験しているので、未婚の方とはちがいますね」と異性とともに生活をするという経験を経ているからこそ、次の結婚に向けての土台はしっかりできているわけです。

離婚経験のある人は、婚活市場でも強し。

これをしっかり胸に刻んでおきましょう！

人生設計に、「離婚・再婚の可能性」を織り込む時代

昨今テレビのワイドショーでもよく取り上げられるようになった「熟年離婚」という言葉。

結婚20年以上経った夫婦が離婚することを指す言葉ですが、「子育てが一段落したので、離婚して人生をやり直したい」「夫が退職したら離婚して、自分らしい老後を送りたい」などとインタビューで語る奥さま方の姿を、見たことがある人も多いでしょう。

私もときどき、テレビの熟年離婚特集で「なぜ妻たちは熟年離婚を考えるか」について事例をあげて説明しています。

夫に内緒で月々少しずつ夫のお金を自分名義の通帳に移動させる妻、子どもの大学の卒業式の夜に離婚を切り出す妻、夫の留守中に「長い間、ありがとう。さようなら」というクールな手紙をリビングに残して消えてしまう妻、事例を伝えるとゲストの男性方は「ヒョエー！」と驚きの声をあげられます。

熟年離婚を考える女性たちの多くは専業主婦で、家事と子育てに追われて生きてきた方が多いと思います。

今から経済的に自立するのはむずかしい。だけれど、ダンナの退職金が入れば、年金ももらえるしと虎視眈々とその日を待ちかまえる奥さま方の姿には、したたかさとたくましさを感じます。

一方で、最近では若いころ、しかも結婚する前から離婚する可能性を視野に入れて、人生プランを考える女性も出てきているのです。

「結婚するときから、離婚する可能性もゼロではないと思ったので、仕事上では名字を変えませんでした」

「いつ離婚するかわからないので、結婚してもできるだけ仕事は続けたいんです」

このように最初から離婚リスクを最低限に抑えようとする意識も、女性たちのなかで芽生えてきているのです。

そして、このところもうひとつよく耳にするのが、「離活《りかつ》」という言葉。「離婚活動」の略ですが、離婚を円滑にすすめるために「正当な離婚理由」となる材料を集めたり、離婚後にひとり、あるいは子どもとともに生きていくだけの生活設計を立てたりすることを指します。

以前NHKの有働由美子さん司会のもと、夜のゴールデンタイムに離婚特集の番組を放映しました。

私は夫婦問題のコメンテーターとして呼ばれ、番組中の再現ドラマの台本協力をしました。

ドラマは仕事が多忙で子育てがおろそかになった妻、ある日、帰宅すると夫と子どもが家を出ていなくなっていた、離婚届とともに……という物語です。

この本は女性目線で書き進めていますが、実は男性側も離婚を考えて着々と準備しているケースもあり、離活は男女ともにあり得る現象と覚えておいてください。

よくある用語辞典にも「離活」という言葉は登録されており、「離活ブームの背景には、2007年に施行された年金分割制度を利用しようと女性の側が考え、実行しようとしていることがあげられる」などと解説されています。

女性が離活を行っている人が具体的にどんなことをしているかというと、

▼財産分与やもらえる慰謝料などについて調べておく
▼ひとり親になったときに受けられる行政の支援について調べておく
▼離婚後に安定的に仕事ができるよう、資格を取得する
▼子育てしながら社会復帰し、キャリアを継続させておく
▼すぐ再婚できるように、ダイエットや美容に力を入れる

といった感じ、こうしたことを、結婚中に進めておくんですね。

今では離活を応援する弁護士や行政書士事務所も出てきていますし、離活情報サイトも充実してきており、弁護士に相談できたり、女性の再出発を後押しする情報を発信したりする「離活ア

プリ」なんてものも登場。

離婚のハードルが下がり、「イヤだったら離婚してもいい」という考えのもと、「ではどうやったら離婚できるのか」「離婚後どのように生活するのか」ということを真剣に考える人たちも、多いのです。

若者の晩婚化が進んでいて、20代や30代前半の若い夫婦が減っていても、日本全体での婚姻件数はそれほど下がらない。

その理由である「再婚夫婦の増加」については、2014年の人口動態統計の結果を見てみることにしましょう。

この年の婚姻件数は、64万3749組。

これを、1婚か再婚かに分けてみると、「夫妻とも初婚」という件数は47万3772組で、全婚姻件数の73・6%となっています。

いっぽうで「夫妻とも再婚又はどちらか一方が再婚」の婚姻件数は16万9977組で、全体の26・4%となっているんです。

つまり、4組に1組の夫婦が、夫婦どちらか、もしくはふたりともが再婚となるカップルということなんですね。

こうしたデータを見てみると、離婚も再婚も、今はどちらもそれほどめずらしいことではないということが、おわかりいただけるのではないでしょうか？

ですから、離婚や再婚をマイノリティととらえて、「私はダメなオンナ……」「私は結婚不適合のオンナ」なんてもし、卑下《ひげ》していたらナンセンス！

そんな古い常識にとらわれるよりも、今あなた自身をとりまく状況を冷静にとらえ、「離婚したほうがいいのか」「再婚するために何をするべきか」をしっかり考えて、幸せな未来をつかみましょう。

離婚・再婚はもはやネガティブな問題ではない！

「バツイチ」という言葉は、もはや一般的に定着しています。

みなさんも、使ったことがあると思います。

これはいつから出てきたかというと、90年代前半です。

語源は、離婚した際に戸籍上に書かれる「×」のマーク。

この言葉は、1992年に大竹しのぶさんと離婚した明石家さんまさんが会見時、額に「×」マークを描いたことから、急に広まっていき、トレンディドラマでも頻繁に使われるようになり、1993年には『現代用語の基礎知識』（自由国民社）にも掲載されました。

そもそもこの言葉、「結婚に失敗してもポジティブにとらえよう！」という社会の意識をもとに、ポップな表現として使われるようになったものなのですが、それでもしばらくは、「バツがついた」ということに引け目を感じる人や、悪い印象を持つ人は多くいました。

しかし、昨今では様子がちがってきています。

離婚に対して、「してはならないこと」だという認識は薄くなってきています。

たとえば、内閣府による2013年度の「我が国と諸外国の若者の意識に関する調査」では、各国の13～29歳の若者約1000人ずつに「離婚観」についても調査をしています。

そこでは、日本人の若者の場合、こんな結果が出ていました。

❶「結婚したら、いかなる理由でも離婚すべきでない」13・7％
❷「子ども有なら離婚すべきでないが、無ならやむを得ない」32・3％
❸「子どもの有無にかかわらず、離婚もやむを得ない」30・7％
❹「互いに愛情がなくなれば、離婚すべきである」6・9％
❺「わからない」16・4％

❶のように「すべきでない」と答えている人は全体の1割程度と少数派で、❷❸の「やむをえない」派が6割、❹のように「すべきである！」という人もちらほらいるんですね。

今の若い人たちにとっては、「女子たるもの、一度嫁いだらその嫁ぎ先で生涯を終えるべし！」という考え方は、もはや古いものなのです。

ちなみに、このうち❹の「すべきである」と回答している人の割合は、実は調査対象国（日本・韓国・アメリカ・英国・ドイツ・フランス・スウェーデン）では日本が一番低いものとなっていました。

ドイツは23・4％、フランスは25・1％と4人にひとりが、またスウェーデンでは30・3％と、3人にひとりが❹の答えを選んでいたのです。

国際社会のなかでは、愛情がないのに結婚を続けることはナンセンスととらえる人も多く、以前、フランスの国営テレビから取材を受けました。私が夫婦仲相談所で相談を受けている様子をカメラでとらえ、相談者の相談内容がフランス語の字幕で流れるものです。

そのときの相談内容は深刻なセックスレスについてでした。

フランス人のプロデューサー、ピエールさんは収録後、私に向かって「わからないです。どうして夫がセックスしなくなっているのに離婚しないんですか？」と真顔でたずねました。「日本の女性は離婚すると、経済的にも子どもの心理の面でも心細くなるものです。世間体というものもありまして」と答えても、不思議そうな顔をしていたのが印象的でした。

世間体というフランス語があるのかも疑問ですが、アムールの国フランスでは事実婚も普通ですし、我が国のセックスレス事情を説明するのはむずかしかったわけです。

PACS（内縁カップルに法的婚姻カップルと同等の権利を認める制度）という制度は、「永遠の愛を誓うわけではない」のです。そりゃ人間ですもの、暮らしている途中で相手のすごくイヤなところに気づいたり、セックスなどもうできないと感じたりするときもあるのは当然。

一緒にいる義務はないと国が言ってくれたら気持ちはラクチンですね。

また、各国の人々の価値観をさまざまな観点から調査するため、国際プロジェクト「世界価値観調査」においては、「離婚の許容度」についても統計をとっています。

こちらは18歳以上の男女に調査をするものです。

2010年の調査では、日本人に離婚への許容度を10段階評価で質問した場合、次のような結果となっていました。

［まったく間違っている（許容度1）］6・6％　［間違っている（許容度2〜4）］15・2％

［中間（許容度5）］27・4％　［正しい（許容度6〜9）］33・6％　［まったく正しい（許容度10）］17・2％

これを見ると、「正しい」「まったく正しい」を合わせた人数は全体の50％を上回っています。

逆に、「まったく間違っている」と「間違っている」を合わせた人数は、20％ほど。

否定的な見方をする人は、5人にひとりという少数派になっているのです。

先のLCラブコスメとのアンケートでも、「結婚は人生1回限りのものだと思いますか？」という質問に対して、「はい」と答えた人は全体の30・2％。

残りの69・8％の人は、結婚は人生において複数回あってもOKという考えなのです。

つまり、「バツ」がついても、「私はダメな女……」なんて自己否定する必要もなければ、「人にどう思われるか」なんて心配する必要もないんです。

今や多くの人が、「離婚という選択は、間違ったことではない」「結婚は1回限りじゃなくてもいい！」と受け止めているんですから。

「堂々再婚」チェックリスト

3つ以上当てはまる人は、再び結婚することで人生がもっと充実するはず。
いますぐ「次の王子さま」探しに突き進むべし！

□仕事だけでなく、プライベートも充実させたい
□「今日あった楽しかったこと」を誰かに話したい
□地震や雷のときでも誰かといたら少し不安が和らぐ
□「おいしいね」と言いながらゴハンを食べたい
□たまにダメな自分を叱ってくれる相手がほしい
□風邪をひいたときにさみしいと感じる
□テレビを見ながらああだこうだ言い合いたい
□老夫婦が公園で仲良くしているのを見るとうらやましくなる
□ちょっとした出費が足りないときに助けてもらいたい

□ビンのフタが固くてあけられない、電球に手が届かない
□髪型を変えても、気づいてくれる人がいない
□「ありがとう」の言葉をしばらく聞いていない
□リンゴをひとりでひとつ食べるのは多すぎるのでなかなか買えない
□スーパーで生鮮食品を買っても、余らせてしまうことが多い
□誕生日の朝に肉声で「おめでとう」と言われたい
□部屋に露天風呂のついた温泉旅館に泊まってみたい
□出産のタイムリミットにおびえている
□定期的にセックスしたい

第 2 章

王子さまは何度でもあらわれる！「堂々再婚」のススメ

一度結婚は経験したから、もういいや。
自分は結婚に向いていない。結婚はもうこりごり。
そんなふうに思っているあなたは、目を覚ましてください！
一度経験しているからこそ、
次の結婚生活はもっともっとステキなものになるのです。
とくに「私は結婚に向いていない」という
自己ジャッジほどあてにならないものはありません。

たった一度の結婚で、成功することは不可能！（の人もいる……）

結婚や再婚は今や当たり前の時代とはいえ、バツありにありがちなのは、「もう結婚はこりごり」という考え方です。

でも、考えてみてください。

スポーツでは、練習をしたことがないのに試合に出て、勝てる人はほとんどおらず、イメージトレーニングだけでオリンピックやワールドカップで優勝！　なんて選手はいません。

仮に出場できたとしても、ボロ負けして痛い目を見るに決まっているように、実は結婚というのは、この「イメトレだけで試合に出場」というのに似ているんです。誰もが、理想の結婚生活というのをイメージして最初の結婚にのぞみます。

でも、うまくいかない、それで失敗したら「もうこりごり」。

……何を言ってるんですか！

最初の結婚、1婚めで、結婚生活とはどういうものか、みなさん身を持って学んだはず、イメージどおりにはならないということが、わかったはずです。そのうえで、毎日の生活のなかで、相手がこう来たらこう！　ここはじっと耐えて、ここで攻め込む！　そうか、この技は通用しないのか……。そんな攻防をさんざん繰り広げてきたはずです。

1婚めの結婚では、たしかに、耐えるだけ耐えて、相手からキメの一手を打ち込まれ、敗北したかもしれませんが、でもそれは、あなたにとって相手との相性が悪かったというだけのこと。

一度試合に出て、練習を積んだならば、自分に合う相手、楽しく好勝負ができる相手がどんなものなのか、見えてきているはず、だからこそ、次は前よりも、うまくいく！

あなたが離婚をしてしまったのは、それが「初めての結婚だったから」にほかなりません。

二度離婚をした人なら、「まだ鍛錬が足りなかった」だけ、結婚はスポーツと同じく、経験を積むほど上手になっていくのです。一度めよりも二度め、二度めよりも三度め、経験を積んだ人ほど、幸せを手に入れられる可能性が高まっているんです。

誤解なきように言いますと、もちろん1婚めでハッピーになり、永遠にひとりの伴侶と愛を貫くカップルは最高です。

本来、それがアダムとイブの時代に生まれた理想の結婚像、「苦しいときも病めるときも助けあい……」の予定がどうしたことか、苦しいときはグチを言い、ケンカになり、なじり合いをするようになってしまうカップルが水面下には多々いますよということなのです。

予定どおりにいかないのが世の常です。

ガマンはしない！　新世代再婚メンタリティ到来

これまでの結婚生活でガマンの多かった人、耐えるだけ耐えて、敗北してしまった人、結婚はガマンが多いからイヤだ……、そんなトラウマにおちいっている人は、ご安心を……。

夫婦のあり方は時代とともに変わってきており、今や女性がガマンを強いられる結婚生活というのはなくなりつつあります。

ひと昔前、たとえばバブル期前後の結婚観は、「夫が妻を養い、妻が家庭を守るもんじゃ！」という考え方だから、女性は、高学歴、高収入、高身長のいわゆる「3高」男性を狙い、仕事を辞めて、家事、育児に専念する暮らしと引き換えに、見てくれがよく、将来の生活も保証してくれる相手との結婚を夢見たのです。

3高男性とは、妻と子どもを一生養い、妻が働かずともよし、守ってくれる存在だと女性は思い込んでおり、もちろん私も3高男性に憧れていましたが、しかーし！

ときは流れ、バブルは崩壊し、日本経済は低迷、さらに、不況が続くなかで女性たちの社会進出が進んでいき、すると、社会構造ががらりと変わっていきます。

たとえば女性管理職の登場。内閣府男女共同参画局が2011年にまとめた「男女共同参画白書」には、「地方公務員管理職に占める女性割合の推移」というデータが掲載され、これを見ると都道府県や市区町村などの自治体における女性管理職の割合は、平成に入ってからぐんぐんと伸びていることがわかります。都道府県では、1989年には2・4％だったのが、2010年には6・0％に。さらに同局が2016年に作成した「都道府県別全国女性の参画マップ」を見ると、7・7％にまで上昇、まあ、まだ10％台にいっていないのが残念ではありますが、女性でも職場で「さらに上の立場」を目指すことができる世の中になっているんですね。

こういった時代に突入すると、男性たちは「夫が妻を養い、妻が家庭を守るもんじゃ！」とは言えなくなり、言ったところで、「男女差別！」と怒られてしまう、そんな時代なのです。

ただ、こうなってくると、結婚生活において妻が担う負担も大きくなり、働いて稼いでいるのに、家事、子育て、介護などはまだまだ「女性の役割」という固定観念を持つ人が多いからです。

これに妻は疲れ、不満を言い始めます。

「なんで私ばっかりに押しつけるの！」

「私だって働いてるんだから、ちょっとは手伝ってよ！」

養ってもらっているわけじゃないからこそ、文句も言いやすくなるものですね。

こうして妻が不満を言うと、夫の不満も大きくなっていきます。

愚痴と不満の追いかけっこ、悪循環です。

では、現在の自分スタイルを相手に邪魔されず、文句を言われず、束縛されず、「夫婦」を続けることができないか？　それにはどうしたらいいのか？　今の時代は、こうしたことを考える男女が増えてきています。

結婚生活がうまくいかなかった人も、これから結婚する人も、どうしたら「自分が自然体でいても許容してくれる結婚」ができるのかを、考え始めているのです。

このように、今は結婚のあり方が大きく見直されていく時代、今までの「当たり前」は通用しないということが、結婚を考える男女の間で認識され始めてきた時代。

スカイツリーでも東京タワーでも通天閣でもいいですが、高い場所に身を置き、はるかかなたを見渡してください。ビル、マンション、家、車がビッシリ見えます。つまりそこには「男性がたくさあーんいる！」という事実があるのです。たったひとりの人とうまくいかなかった、添い遂げることができなかったからといって「結婚にむいていない」といううしろむきな判断をする必要はまったくナシ。男女の数は星の数。相性の合う合わないの組み合わせも星の数。そして何より、自分が成長し、耐性ができて女神度が上がっているので、「ネクストこそはうまくいく」くらいの余裕をかましましょう。未来の幸せを放棄するべからず。今すぐ堂々再婚を考えましょう。堂々としていればいいのです。

「なぜ離婚に踏み切れないか」を整理してみよう

たった一度の結婚で、「自分が自然体でいても許容してくれる相手」を引き当てることは、不可能に近いこと。もし選んだ相手と相性が合わず、それでもガマンや努力を続けているという人は、そろそろ「ガマンしなくていいよ」と、自分を許すところから始めてみませんか？

ただし「自分を許す」のは、血が出るほどの改善努力をしたあとです。

家事を精一杯がんばっても罵倒される、自分の反省点を伝えようとしても逃げられる、浮気を許そうとしてもまた女に会いに出かける……。こんなことが続き、自分の怒りを通り越し、抵抗する気力がなくなりそうなときまで努力をしたあとのことです。

何が不安ですか？　子どものこと、お金のこと、世間体……いろいろあると思いますが、本章ではまず、一つひとつていねいにクリアしていくことにしましょう。その前に、確認です。

▼今の夫と、一緒のお墓に入りたいですか？　▼生涯を終えるそのとき、今の夫にそばにいてほしいですか？　▼もしも夫が病に倒れたとき、寄り添って介護をしたいと思えますか？

これらの質問に対しての答えが「NO」であるならば、そして、「せめて最期は愛する人の胸のなかで天国にのぼっていきたい！　それは今目の前にいるコイツではない！」と思うならば、離婚という道を選ぶことを、本気で考えましょう。最期のときを今の夫ではなく、本当に愛せる人と迎えたいならば、その王子さまと出会って再婚するしかありませんが、その前に離婚という壁を乗り越えなければならないのです。では、具体的に何が不安か、チェックを入れつつ次へと読み進めてくださいね。

□❶離婚したら周囲の人にどう思われるか不安
□❷今は専業主婦で、離婚したときに仕事につけるか不安
□❸今よりも生活レベルを落として暮らしていけるか不安
□❹自分の貯金がないのに、新しい家を探して引っ越せるのか不安
□❺小さな子どもを抱えて、子育てしながら働けるか不安
□❻子どもを成人させるまで、経済的に安定した生活を送れるか不安
□❼子どもにとっても、離婚は悪影響なのではと不安
□❽子どもが新しいパパを受け入れてくれるか不安
□❾結婚生活で失った自分のなかの「女」を取り戻せるか不安
□❿年も年だし、好きな人に女性として見てもらえるのか不安

「世間体」が気になるなら、次で「見返す」が正解！

ここからは、前ページでチェックを入れた「離婚の不安」をひとつずつ解消していきましょう。

まずは、❶の「離婚したら周囲の人にどう思われるか不安」にチェックを入れた人。

第1章をもう一度読み返してみてください。

世間の意識は、もはや変わっているんです。

離婚や再婚への許容度は、今やとても高くなっている。

しかも、その「世間」側に身を置く人だって、いつ夫婦間に亀裂が生じ、離婚という選択をすることになるかわからないんです。

ところで、世間って何？　世間って誰？　世間はあなたが想像しているだけの形なきモノ。

仲良しの友だちがふたり応援してくれたとしたら、それもまた世間の一部です。

とはいえ、世間にこだわる気持ちは払拭できないので、具体化して落とし込みましょう。

まず親です。親が一番反対すると考えている人、親になぜ離婚を考えるようになったのか真摯に説明しましょう。

親はいつだって子どもの味方、娘が「毎日、つらい、将来幸せになる絵が描けない」と思っているのにそれでもガマンしなさいと言いますか？

もし「母さんだって、父さんの無謀な態度にずっと耐えてきた。女は耐えるものよ」と言われたら、「母さんと私を重ねないで」と反論の余地あり。

時代も結婚観も変遷しています。

仲人さんが介在するのが主流の時代に結婚をした親と、インターネットで一発で彼氏やセックスフレンドを探せる時代の女性と、結婚観が一緒のわけがない。

筋がとおらない！

次の世間は誰ですか？

職場の人たちでしょうか？

職場の人があなたの幸せを保証してくれますか？

給湯室で「離婚するなんて人生の汚点だね」「離婚する人は辛抱できない人なのよ」と陰口をたたく人こそ幸薄い人です。

それでも、世間が気になるという人は、こう考えてみてはいかがでしょう。

「離婚してダメな女と思われても、再婚してハッピーになって見返せばいい！」

離婚に踏み切って、その後、ウジウジと悩んでいたり、自己否定観をつのらせたりばかりいたら、それこそ「離婚してダメになった人」になってしまいます。

でも、そうならなければいいんです。

幸せになるための離婚、そして再婚。

最初の結婚よりも幸せな結婚生活を手に入れて、「私は今、本当に愛する人にめぐり会えて、とってもハッピー！」と言い切ってしまえば、そんなあなたを「失敗した人」と思う人はいなくなるでしょう。

だって、エジソンだって電球のフィラメントの発明にいたるまでに、何度も何度も失敗しているのに、でもこんな名言を残していますよね。

「私は、失敗したのではない。うまくいかない1万とおりの方法を発見しただけだ」

エジソンとくらべたら、離婚という失敗は1回、2回くらいの少ないものですよね。

それでうまくいかない方法を発見して成功できたのですから、胸を張っていいんです！

もし、そんなあなたに対して、「でも、1回失敗してるから……」なんて批判する人は、きっと不幸せな人なんです。

あなたが幸せなことに嫉妬をしているか、ものすごく古い固定観念にしばられている人、いずれにしても幸せな人ではありませんので、あなたが気にする必要はありません。

一時的な不便は幸せのためのステップと心えて

離婚を思いとどまる理由が、❷の「今は専業主婦で、離婚したときに仕事につけるか不安」だから、また❸の「今よりも生活レベルを落として暮らしていけるか不安」だからという人。

仕事や将来設計に対するイメージを変えてみましょう。

あなたが「つけるか不安」と考えている仕事は、自己実現のためや、立身出世のための仕事ではないでしょうか。

「仕事するからには、自分の好きな業界で、有名な会社で、スキルやセンスを発揮して活躍して、いいお給料をもらえるところがいい！」みたいに勢い込んでいたら、ちょっとむずかしいかもしれません。

もちろん、それが悪いわけではないですが、目的が「離婚して、再婚して幸せになるため」であれば、その漠然とした「いい会社、いい給料、私の活躍の舞台」というイメージをいったん捨ててください。

まず、漠然とした「いい給料のいい会社」を狙うというのは、高校や大学の新卒の子たちと勝負するということになります。

それまで同じ業界で働いたことがあり、何らかの業績を残していた人や、そこで必要な専門スキルに突出していて資格などを持っている人なら別ですが、そうでなければまず、不利です。

社会人になったばかりの、ほやほやの若者のほうが企業にとっては投資価値があると考えるのが一般的です。

まずは、非現実的な理想は捨てて、働けるところを見つけること。

そこからキャリアを積みたいなら、積んでいけばいいのです。

今は多様な働き方が認められており、正社員だけが立派な働き方というわけでもなくなっています。

非正規雇用でも、実力があれば見合った対価を出してくれる企業も増えてきています。

また、実は専業主婦だった方には「何のスキルもない」わけではありません。

料理が得意だった人、洗濯は一流と言われるほどうまかった人、お金の管理が得意だった人、子どもの世話に慣れている人、さらに、相手の状況を見ながら「かゆいところに手の届く」ふるまいをしてきた人……。

それぞれ家のなかで、培ってきたスキルがあるはずです。

それを仕事にいかすのも、ひとつの手ではないでしょうか。

収入が減ることで生活レベルが下がったとしても、それは一時的なもの。

イチからキャリアを積み直して稼ぐもよし、再婚までのつなぎと考えて、さらに自分を大切にしてくれる相手を探すもよし。

つまり、「また上がればいい」のです。

若いときのようにピョンと飛び上がることはできなくても、ヨッコラショとよじのぼる上がり方があるのです。

踏み台を使ってもいいし、滑らないイボつきの手袋をしてでもいい。上がれます。

「工夫とヤル気」のふたつが重要要素です。

まずは外へ出て、出会いの機会や自分の視野を広げること。

そうすれば、次の王子さまと出会える確率も高まります。

そして、このことを忘れてはいけません。

次の王子さまはこの世界にすっごくたくさん生息している。

離婚の出費は将来への投資！

次は貯金がなく、離婚後の生活のスタートを切れるか心配という人。
❹の「自分の貯金がないのに、新しい家を探して引っ越せるのか不安」にチェックを入れた人ですね。
まずは具体的に、新しい生活に必要なお金がいくらになるのかを計算してみましょう。
基本的に、離婚の際にかかるお金は次のようなものです。
▼公正証書（養育費の支払いなどの取り決めをする証書）を作るための費用……養育費　などの金額によって変わりますが、５０００円から5万円くらいの間になります。
▼引っ越し代……新しく物件を借りるなら敷金礼金なども含む。
プラス、荷物を運んでもらう引っ越し代や、新しくそろえなければいけない家具代など。

一般的には、新しい家の家賃の6カ月分が相場と言われています。
▼調停や裁判などで離婚の際に弁護士を立てる必要が出てくれば、弁護士費用。
費用は主に右の3つになるわけですが、合わせても50万円～70万円といったところです。

3つめの弁護士費用については、話し合いの離婚、つまり協議離婚になれば、ほとんどお金はかかりません。

というのも、離婚の際に必要な手続きなどでわからないことがあれば、弁護士に相談する人も多いですが、最近は無料の弁護士相談窓口もあるからです。

現在、日本の離婚の約90%は協議離婚ですが、多くの人はこれにあてはまるのではないでしょうか。

では、このお金をどうするか。

通常、夫婦の財産は離婚時に折半されますので、ふたりで貯金していたものがあれば、その半分はもらうことができます。

持ち家があればその価値も試算されます。家電、家具、車も貨幣換算して折半です。

それでまかなうことができればOKですが、できない場合は、離婚までの数カ月アルバイトやパートで稼ぐ手もあります。

大きな額ではないので、必要な費用を貯めるまでそれほど時間はかからないはずです。

また、親に助けてもらえる場合は、この際甘えてしまいましょう。

「ちゃんと再婚して幸せになりたいから、助けて」とお願いすること。

ちょっと気まずいかもしれませんが、そうやって覚悟を決めて人に頼むことができるメンタリティも必要です。

そこまで覚悟が決まっていれば、必ず次の幸せを手につかめるはず。

幸せになったらご恩返しは忘れずに！

そして手にしたお金は惜しまずに、きちんと離婚の際に使ってしまうこと。

荷物も、欲を出してアレもコレも持っていってやろうと考えてしまわないこと。

この際、「断捨離」でリセットするつもりでいきましょう！

離婚時に使うお金は、将来の自分への「投資」と考えて、再スタートに向かう決意を固めてください。

「子どものことが心配」でも、まずはママが幸せになることが大事！

❺の「小さな子どもを抱えて、子育てしながら働けるか不安」、❻の「子どもを成人させるまで、経済的に安定した生活を送れるか不安」、また❼の「子どもにとっても、離婚は悪影響なのではと不安」にチェックを入れた人。

子どもがいるからと離婚を踏みとどまる人は、本当に多いです。

でも、今は行政による母子家庭への金銭的な補助、また子育て支援なども多く実施されています。

ひとり親家庭への自立支援給付金事業、また医療費助成など、住んでいる自治体の支援事業をまずは調べてみてください。

行政から受けられるサービスはきちんと調べて受けることが第一。

そして同時に、仕事を見つけて働くこと。

また、ひとり親になった時点の収入や環境だけですべてを決めてしまわず、将来よりよい人生を送るために今があると考えて前に進みましょう。

経済的に安定した生活が送れるかどうかは、ひとり親家庭であろうがなかろうが、この時代には誰もわかりません。

大企業だって国際競争にさらされ、不安定な経済状況のなかでつぶれていく時代です。

夫がリストラされました、左遷されました、うつ病になりました……という話はレアな話ではなくなっています。

安定できるかどうかという不安は、誰にでもつきまとうもので、不安を消すには常に攻めるしかないのです。

現在、日本の子どもの4人にひとりは、シングルマザーの家庭で育っています。

これだけ多くなったことで、シングルマザーを支えるためのNPO法人もたくさんありますし、サポート体制は整ってきています。

まわりに助けを求めながら、攻める生き方をしていきましょう。

また、子どもへの心理的な影響という問題も、大きな不安だとは思います。

ですが、家庭内で両親が愛し合えなくなり、ギスギスした光景を見せられる子どもも、親がいつもつらそうな顔をしているのを見なくてはいけない子どもも、裏表のある仮面夫婦の元で育つ子どもは、どうでしょう。

心理的に影響はないのでしょうか。

離婚はたしかに子どもにはつらいことではあります。

でもその先に、自分の親が自身の輝きを取り戻して、幸せをつかみにいく姿を見せてあげることが大切なのではないでしょうか。

ママが幸せになれたのだから、あなたも幸せになれる。

そう言ってあげられる強さを持つこと、それも子どもには必要だと思います。

それに、「子どもが独り立ちするまで」そんなことを言っていたら、あなたは何歳になりますか？　それまでガマンし続けていては、そのつらい年月があなたからヤル気を奪っていってしまうだけです。

女性は年齢を重ねると女性ホルモンが減少し、不安を感じたり、新しいことに挑戦する気力も減っていったりします。

「なんだか年をとったわ。疲れやすいし。離婚なんて夢の夢……再婚なんてもっとはかない夢……」と、気持ちがヒュリユリユリュと萎えていく。

この言葉をつぶやく熟年女性に何人会ったことか……。

1分でも1秒でも早く、次の幸せを手に入れることを考えて、子どもも一緒に次のステップへ進みましょう。

新しい環境を受け入れてもらうには「向き合う」こと

先ほどから申していますが、離婚を考えていても子どもがいると、思いとどまってしまう人は本当に多いです。

離婚してまた誰かと出会って、やり直したいと考えても、それを子どもがどう受け止めてくれるかという不安もありますよね。

❽のように「子どもが新しいパパを受け入れてくれるか不安」という声も多く聞きます。

離婚して環境が変わるだけでなく、その後また別の父親ができて新しい家庭ができる、その変化が子どもにどんな影響を与えるのか。

これは一概に「大丈夫ですよ!」と言えない問題ではありますが、大切なことは子どもときちんと向き合って話すことです。

まだ幼い子であれば、新しいパパにもがんばってもらって、子どもとコミュニケーションをしっかりとりながら少しずつ親子になっていけばいいのですが、中高生など思春期の子どもであれば、話し合うということはとても重要です。

具体的に伝えないといけません。

「大人の事情で」とごまかすべからず。

別れたパパの悪口にならぬよう、気をつけながらです。

まずは別れた理由をきちんと話すこと。

「あなたにはよいパパだったけれど、私には合わなかったんだ」ということを、具体的に話して聞かせてあげてください。

別れた理由をごまかさずに話すこと。

そして、新しいパパとならママは幸せになれるし、あなたのことも幸せにしたいと思っている、ということもしっかりお話ししましょう。

もちろんすぐには受け止められず、反発したり、落ち込んでしまったりするかもしれません。

でも、向き合って何度でも話をするしかありません。

そして、新しくパパになる人にも協力してもらって、一緒に買い物に行ったり、カラオケやテーマパーク、何でもいいですが遊び場に連れていったり、マジメな子なら宿題を見てあげたり、進学の相談にのったりと、子どもと過ごす時間を積極的にとっていきましょう。

大丈夫、子どもはあなたのことが大好きです。あなたも子どものことが大好き。向き合うことできっといつか理解してくれるはずです。

女はいつでも女！　すぐに艶は取り戻せます！

結婚生活を続けていると、徐々に忘れがちになってしまうもの。

それが「女」としての自分です。

❾のように「結婚生活で失った自分のなかの『女』を取り戻せるか不安」とか、❿のように「年も年だし、好きな人に女性として見てもらえるのか不安」といった、自分の「女」の部分に自信をなくしてしまった人も多いことでしょう。

仕事や子育てをしながら家事をする生活では、オシャレをしたりダイエットをしたりというところまで、なかなか気がまわらなくなってしまうものです。

また、年を重ねるとどうしても崩れてしまう体形や、潤いをなくしていくお肌、パサパサになる髪の毛、血管が浮き出た手の甲……これで新しい恋をして再婚なんてできるの!?　と不安になるのはわかります。

でも、心配しないでください。ちょっと意識を変えれば「女」の部分はすぐに戻ってきます。

それに、女性はスタイルがよくてお肌がキレイなだけでモテるわけではないですよね。

あなたには、結婚を通して得た武器がたくさんあります。

男性がどうしたら心地よくいられるか。

口に出さなくても、相手にイヤなことがあったり、疲れていたりしたら、それを察知して先回り行動できる力も、備わっているはずです。

結婚を通じて身につけた包容力や、人とともに生きるうえでのうまい距離のとり方など、男性が「一緒にいたい」と思えるような魅力をあなたは持っているんです。

そのうえで、これからちょっとオシャレに気をつかってみたり、公園を走ったりなどして健康的にダイエットしたり、という努力を加えればいいわけです。

心機一転、ヨレヨレの下着は捨てて、ファッション誌などを参考にステキだなと思う洋服に身を包んでみましょう。

コストパフォーマンス抜群のオシャレ服が街にもネットショップにも溢れかえっています。独身のころのように時間をかけたメイクをして街に出てみましょう。

いろいろな男性と会話をしてみましょう。

そうしているうちに、みるみるあなたのなかの「女」は戻ってきます。それに……。新たな恋をすれば、女は自然と変わるもの。痩せます。これは科学的にも言われています。顔つきもやさしくなります。だからまずは恐れず、恋を探しに新しい世界に飛び出してみましょうね。

「離婚は大変」って言うけれど……

離婚を踏みとどまってしまう人のなかには、「離婚は結婚の何倍も大変！」という言葉を鵜呑みにしている人も多いのではないでしょうか。

たしかに、めんどくさい手続き、相手との交渉はたくさんありますよ。

離婚しようと話し合うところから始まり、協議離婚になればいいですが、調停になって時間も労力もかかってしまったり。

財産分与や子どもの親権なども話し合わなくてはいけません。

家を出ていくときの引っ越しもあります。

でも、結婚するときはどうでしたか？

結婚だって、お互いの両親に会ったり、結納を交わしたり、結婚式や新婚旅行の準備をしたり、その他さまざまな手続きがあったりして、手間はたくさんかかったはずです。

結婚にかかる時間や労力は、ウキウキする気持ちがあったから、そんなに大変だったと感じる人は少ないと思うのですが、実は離婚にかかる時間や労力とさほど差はありません。

結婚するときは恋愛の神さまが、ちょっとドーピングを施してくれて、大変なあれこれを乗り越えさせてくれていたんですね。

ただ離婚のほうは、心理的に、夫との関係や、ふたりで今まで積み上げてきたものを終わらせる不安やさみしさ、本当にこれでよかったのかと悩む気持ち、そうした負の感情が重くのしかかり、つらさを感じてしまうだけ。

でももし、離婚をしたほうがいいと決断をしたのであれば、その負の感情に引きずられない努力をしましょう。

泣きたければ泣けばいいし、悲しさや不安からすべて目をそらさなくてもいいですが、ただ、幸せになる未来のイメージだけはしっかり描いておきましょう。

そこへ向かって進む、そのための第一歩を踏み出したんだということを、忘れないでいてください。

ひとりになってしまったと嘆かない。

失敗してしまったと思わない。

その離婚は、次に幸せを手に入れるための大きなチャンスなのだと思って、離婚を乗り越えましょう。

結婚はポジティブなものへ向かっていたから、苦労を苦労と感じなかった。

それなら離婚も、ポジティブな方向へ向かっていると思えば、あっという間に終わります。

暗いトンネルを抜けると、エンジェルがたくさん飛んでいる花畑！

朝が来ない夜はない。

雨の日の翌日は晴れ。

苦あれば楽あり。捨てる神あれば拾う神あり。

長い人生、無傷で生き抜く人はひとりもいません。

トンネルのむこうには白馬の王子さまがスタンバっている。

これこそ「堂々再婚」人生です。

一度選ばれたあなただから、新しい恋ができる！

離婚経験をした人のなかには、自分がバツイチであることで、好きな人やいい雰囲気になった人がいても、相手に悪いなと思ってしまって、再婚を考えることをあきらめてしまっているという人もいます。

また、「私は結婚に向いていない」と思い込んでいる人もいます。

これはすごく、もったいないことです。

まず、そのように考えて「ひとりで生きていくんだ」とがんばっている女性は、実は男性からしてみたら魅力的に映ることが多いんです。

しっかり自立して、人に依存せずに生きていこうとする女性に対して、男性は「守ってあげたい」と思ったり、もしくは逆に「こんな人と一緒にいたら自分もがんばれそうだ」と思ったりするものです。

ですから、「結婚に向いていない」なんて思う必要はナシ！　地に足をつけて強く生きるというところだけしっかり持っておいて、そんな自分の強さも、次の結婚の武器にしてしまえばいいんですから。

といっても、たまにはいます、「バツイチはな～……」とか言う男性。

さらにバツ2、バツ3になってくれれば、「何かあるのかな」という目で見てくる男性もいます。

でも、何事にも、批判する人っているんです。

人の考え方はそれぞれです。

それを気にしていてもしかたがありません。

そういう人をあなたが選ばなければいいだけの話ですし、あなた自身が離婚経験を気にするか気にしないかは、また別の話。

「どうせ私なんて」と卑下していては、どんどん魅力は落ちていくだけです。

卑屈精神を持つと顔がブスになる。

人相はその人の心をあらわします。

とくに35歳を超えると女性の充実感、幸せ感は人相ににじみ出ます。

夫婦仲相談所に来られる人たちは顔立ちがキレイな方が多いです。

でも、なぜか「私なんてもうダメです。何もできないし。夫に愛されることもなくおばあさんになるんです」的な発言が出てきます。

せっかく美人さんなのに笑顔がない、自信がないとモテ顔にはなりません。

反省が多い人ほど、次は幸せになれるはず。

だから反省点は次にいかして、あなたには幸せになる正当な理由があると信じてください。

幸せになろうとする気持ちに、自信を持つこと。

それは誰にも批判されるようなことではありません。

一度は男性に選ばれ、結婚ができたあなた。

つまりモテ女だったわけです。

その経験をいかして、次はもっといい人に選ばれて、もっと幸せになりましょう！

堂々再婚をするためには「どうせ」という口癖をやめ、目線を上げて笑うべし。

笑っているだけでモテると言っても過言ではありません。

第 3 章

バツあり女子は
恋愛上手!

離婚や再婚は今やめずらしいことではないとわかっていても、

「自分には再婚相手を見つけるだけの魅力はないかも……」

と悩める女性も多いはず。

対面相談をしていて、いったい何人から
弱っちい発言を聞いたことでしょう。

バツから得た「余裕」に男はひかれる

離婚の経験から、「私は結婚に向いていないのかも」とか「バツのついたオンナに振り向いてくれる男はいないよね」なんて卑屈になってはいけません。

でも、そんなことをウジウジ考えていると、本当に次の幸せを得られなくなってしまうから要注意。

むしろそう考えることは禁止します。

離婚を経験した人は、必ず、その分だけ「モテる武器」を手に入れています。

そのことに気がつかず、武器を使わずにひっそり縮こまっていては、ゲットできる男も手に入りません！

私の言葉がだんだん過激になってきましたが、これくらいの気合いを入れなければ「堂々再婚」のステージに上がれないのです。

本章では、その武器について説明していきましょう。

まずひとつめ。

それは、バツがついたあなたには、「余裕」があるということです。

未婚の女子は、よくこんなことを言いますよね。

「30歳までには結婚したい！」

「次につきあう人とは絶対に結婚までいかなくちゃ！」

これって、男性にとってはプレッシャーになってしまうことも。

とくに今は、10年先に仕事がどうなっているか、また老後がどうなるのか、見通しが立たない時代です。

そんな時代に、ひとりの女性の人生に責任を持たなくてはいけない……。

そのプレッシャーと不安たるや、若い世代が結婚をびびるには十分な理由。

ヤングな白馬の王子さまたちが晩婚化していく理由のひとつでしょう。

でも、バツあり女性は男性にとっては、そうしたプレッシャーを感じさせない存在です。

なにしろ一度は結婚をしているので、1婚のようにあせりはありません。

あせりから「結婚を考えてくれているんだよね？　うちら、結婚前提のおつきあいだよね」と迫ったり、彼の部屋にそっとゼクシィを置いたりと、圧力をかけることもありません。

勢いで結婚するよりも、本当にその彼と結婚してもうまくやっていけるのか、じっくり見極めようという姿勢で恋愛をしていきます。

次の結婚に対してあせらない、というのは、統計的にもあらわれています。

厚労省による2010年の人口動態調査で、この年に再婚した人が前の結婚解消時からどれくらいの期間があったかというのを調べた結果では、女性の場合平均は5・52年となっていました。

数字を細かく見ていくと、5年以内に再婚した人は全体の58%、約6割です。

残りの4割は、再婚までに5年以上をかけているのです。

離婚から10年以上がたって再婚した人も、全体の15%います。

思ったより、ゆっくりなペースだと思いませんか？

多くの女性は、離婚をしてから、一度自分を見つめ直し、しっかり生活を立て直してからじっくり恋愛をして、再婚へと結びつけているのです。

夫婦仲相談所で男性方の意見を多数聞きますが「プレッシャーをじわじわかけてくるオンナ」を彼らは嫌がります。わかっちゃいるけど、迫るなよというのが本音です。

このあせりのなさ、ガツガツ感のなさが、男性にとっては一緒にいて心地よい存在となるのです。

男性に対して寛容さを持っている

バツあり女性は居心地がよい理由としては、「相手が100%思いどおりに動いてくれる」という幻想を持っていないこともあげられます。

1婚の場合は結婚相手に対して「生活レベルや暮らし方、考え方が合うといいな」という理想を掲げますが、いざ結婚してみたら、細かい部分で合わないことはたくさん出てきます。

ものの片づけ方、洗濯物のたたみ方、お金の使い方などなど、「自分のやり方とちがう」と思うことはいくらでも出てきます。その不満が積もり積もって、憎しみに変わり、離婚に至る……というケースも多いわけです。ただ「100%理想どおりにいく」ことはないということは、バツあり女性はすでに学んでいます。

「まあ、そんなもんだよね」という前提のうえで、「自分はこれは許せるけど、これは許せない」という許容ラインが自分のなかでできあがっているはずなのです。

たとえば、家事をひとつとって考えてみます。

「料理は私がやるけど、お皿洗いは手伝ってくれたらうれしいな」

なんて理想を夫ががんばって実現してくれたとして、それでも多くの女性は不満をもらすんですね。

「もっとよく水を切ってから置いてほしい！」「納豆のネバネバがこびりついてる」「洗ったんならふいて、棚に収納してよ。そこまでやって完璧でしょ」

結婚初心者の妻にとって、こうした「なんでちゃんとできないの？」という不満は、結構大きなウェイトを占めます。その不満から、「うまく生活していけるのかな……」と不安にさいなまれたり、「ちゃんとやってよ！　これじゃ、私が二度手間になるじゃん」と怒ってしまったりと、態度に出してしまうこともしばしば。

ところが、結婚経験があればこんなことはいちいち気にしませんよね。人には得意不得意があって、すべてが自分が思う「合格ライン」に達するとは限らない。そのうえで、「いかに生活をうまくまわすか」を考えることができます。お皿洗いがヘタだったら、やってくれることを期待しないで、かわりにお風呂掃除をがんばってもらえばいい。得意なことを許せる程度でやってもらえばよしとする。

許容範囲が広い妻なら、「ありがとう」と感謝の気持ちをあらわしつつ、「もっとこうしたらキレイかも」と相手を調教することもできます。

上級妻の例をお伝えしましょう。

夫にトイレ掃除をまかせるとまったくキレイにできていないので、最初の10回はふたりで一緒にやって手とり足とりやさしくレクチャーしたと。

「一緒にやるとマネッコしてできます。上達したら、その場から離れる。子どものトイレトレーニングと一緒です」

このように料理も、首に汗ジミのついたワイシャツの洗濯も最初はずっと寄り添って一緒にやるのです。言葉だけで「こうやっといて」と突き放さず、一緒に家事を楽しみながら調教する。そして単独で完遂できた時点でスッと離れていく。忘れてはいけないことは、オーバーリアクションでよろこぶこと。

「わあ！　トイレ、ピカピカ。うれしぃー！　気持ちぃぃー。ありがとね〜」です。

こんなこと1婚めにはしなかったでしょう。経験値と余裕がなければできない観音さま調教。子どものトイレトレーニングと思えばよい。なんと心にしみる言葉でしょう。

この言葉を言った再婚成功妻に私はソッと手を合わせました。

また、自分に興味のない趣味にお金をかけることにイラッとしてしまう女性も多いと思いますが、これも多少なら「まあいいか」と思えるのが結婚経験者。生活も趣味も、何から何まで価値観をともにすることはできないとわかっていますから、「多少のお金をかけても、相手の息抜きになるならＯＫ！」。

そんなふうに、思いどおりにならないときの対処法や気持ちの整理のしかたが、上手にできるんですね。そこが、バツあり女性のいいところ。

思いどおりにならないからといってイライラを見せたり、すねたりしないから、男性にとって一緒にいて心地いい相手になれるんです。

上級者になってくると、夫を自分の興味ある趣味にうまく引きずり込んで、一緒に楽しむという誘導技を使います。手のひらの上で遊んでもらう技は1婚めではなかなか発揮できません。

正面からぶつからず、かといって上から目線でプロデュースするのではなく、なんとなく甘えながら心地よいほうに引っ張る。

また、経験値が高いとツンデレスイッチがうまく切り替えられます。ときにS女王になり、ときにMオンナになるという変幻自在な妻。夫が、どういうタイプの女性に弱いか観察する力が1婚めよりがぜん上がっています。これ、マジです。

「この年で新しい彼を見つけるなんてあり得ない」「どこにバツイチの40オンナを好きになってくれる人がいるんですか」「男の人は若い女性が好きに決まってます」「私、子どもいるんですよ。子どもがなつく人を今から探すなんてムリです」

はい。あり得ないだの、絶対ムリだの、「堂々再婚」と対極にあるワードを話を聞いている私にぶつけてきます。

そして私は背筋を伸ばし、キリッと相談者さんたちをにらみます。「未婚女性にはない最強の武器を持っているくせに、最初から放棄するとは何ごとか」と。

年若き0婚女性と自分をくらべることはナンセンス。過去にさかのぼればバツイチ女性だって年若き未婚女性のステージにいたのです。シミもしわもなく、子どももいなくて、おっぱいもモリモリ。結婚を夢見るキュートな乙女。あのとき、自分が選んだ彼が結婚して数年経過すると「イヤな奴」に変貌。そして、自分はバツイチになった（陰の声＝実はあなたもあちらから見ればイヤな奴に見えているので離婚しているのですが……）ということで、ステージが移動しただけなのです。

ならば今のステージで次の王子さまを探せばいいではないですか。現段階のステージに合った王子さまが森のなかで白馬にまたがりパッカパカと走りまわっている。

ご安心あれ。あなたのバツ体験こそが、「男を惹きつける武器」をあなたに授けてくれているんです。いかさない手はありません！

「結婚したくない」若者たちが「したくなる」のはバツあり女性!?

今は晩婚時代と言われていて、20代男性では21・6%が「結婚したくない」と考えているようです（独立行政法人・国立青少年教育振興機構による調査、２０１５年度）。

その理由としては、経済的に結婚はむずかしいというものと、「ひとりがラク」というものが多くを占めています。

そんな理由から、20代ではなかなか結婚に積極的になれず、30代になってからようやく結婚を考え始める……というような流れになっているわけですね。

この結果は、バツあり女性にとっては大チャンスととらえていいのではないでしょうか。

まだ誰のものにもなっていない手つかずの王子さまたちが、市場にたくさんあふれている！

そのうえに、この「結婚したくない」理由は、バツあり女性にとってはおおいに有利になるのでは、と思うのです。

というのも、まずは経済的理由で結婚したくないという場合。

バツあり女性なら、離婚をしてしっかり自立した生活を送ることができているはずです。

人に頼ることなく、ひとりで生きるという生活の構えができています。

こうした自立した女性は、男性にとっても「稼いだお金を全部持っていかれるのでは……」という不安を抱かせません。

また、20代で「経済的にむずかしい」と言っている男性でも、30代ではどうなるかわかりません。

まわりのサポートを得て、大きな仕事をまかされたり、キャリアを積んで転職したりして、「稼げる男」になっているかもしれませんよね。

そして、そんな支えになるような相手とは……男性にとって「一緒にいてラク」な、結婚経験のある女性！

「ひとりがラク」と言っている男性は、女性に経済的に頼られたり、あれこれしてあげないといけなかったり、自分の時間をとられたりするのがイヤ……というイメージを結婚に対して抱いています。

でも、結婚経験のある女性なら、男性が守りたい生活のペースを理解できるでしょうし、ひとり時間を上手に与えることができます。

相手がどうしたら心地よく生活できるかを考えて行動することができるのです。

つまり「ひとりがラク」という男性でも、「ひとりじゃなくてもラク」と感じることができて、それ以上に、自分を支えてくれる相手がいるということに気がつくことで、結婚に対して前向きに考えていくことができると思うのです。

「私だって支えてほしい！」

そう思うかもしれませんが、まずは「ひとりがラク」症候群の王子さまたちを振り向かせ、「この人と一緒にいたい」と思わせればいいのです。

そうしてふたりで向き合うことができれば、おのずと「支え合って生きていく」ことの大切さに、相手は気がつくはずです。

選別の目がユルい

婚活中の女性たちの様子を見ていると、こんな条件をつけている人がいます。

「年収は600万円以上で、専業主婦にならせてくれる人」「四大卒、できればMARCH以上の学歴」

こうした「スペック」があてにならないということは、結婚経験者なら身にしみてわかっていることですよね。

バブルを謳歌した私も個人的には3高男性好きですので、痛いほど理解しております。

スペックなんてあてにならないし、失礼な言葉です。

だってあちらから見れば女性のスペックは何でしょう？「美形、スタイルよし、家事能力抜群、やさしい、浪費しない、子育て完璧、健康、僕の母親と仲良くやってくれる」

ああ、なんてムカつく言葉。

あえてスペックという言葉を使うなら、そのスペックを、結婚生活にどういかしてくれるかが大切であって、600万円以上でもそのお金を相手がどう使うのか、学歴が高くてもそれをビジネスや通常のコミュニケーションにどういかしているのか、そこが自分の価値観とずれていたら何の意味もありません。

逆に、「収入は普通でいいから、性格や趣味が合って、価値観が同じ人がいい」という人もいます。

それでも、こんな話をよく聞くんです。

いざ婚活イベントで出会ってふたりでデートにこぎつけたところで、「おごってくれなかった」という理由でその後の進展はナシに。

ほかにも、「メールの返信が遅い」「連れていってくれたお店が安い居酒屋だった」なんていう理由で、簡単に「この人はナシ」と決めてしまう……。

結局、男性に対する見方が厳しいのです。

でも、デートでおごってくれるかどうかや、お店選びが上手かどうかというのが、これから結婚して夫婦になるうえで必要なことかというのは、また別の話です。

私が失敗した元ダンナさんは、ウルトラオシャレなお店で全部ごちそうしてくれていました。

ああ、今では遠いメモリアル。

一方で、結婚経験のある女性なら、男性に対してよけいなものを求めません。

デートでいくらでもおごってくれる夫であるよりも、子どもができたり家族が病気になったりしたときなど、重要なときにお金を出してくれるかどうかのほうが重要。

オシャレでムードのいいお店を選べるよりも、日常生活のなかでお互いが気持ちよく過ごせるような空気を作ってくれるほうが重要。

実務レベルで必要なことを押さえてくれていれば、ほかは求めない。

そう考えることができる女性に対しては、男性もいちいち「おごらなきゃいけないのかな」「どの店に連れていくのが正解なんだ」と身がまえなくてもいいわけです。

気楽にデートを重ねることができるんですね。

飾らなくてもいい、というのは男性にとっては居心地のいいものです。

とくに最近の20~30代男性は、バブル期の男性のようにお金にモノを言わせて自分を高く見せる、という文化を知りません。

物心ついたときから不景気という時代に生まれた男性にとっては、飾ることを強いられるのはキツイ！

私は実は20代の男性コミュニティを持っていてよく彼らと話をします。

30年前の20代男性とはまったくちがうライフスタイルに驚くことばかりです。

合コンはワリカンか、女子がすこし少ない額。

自分の手持ちがない場合はホテル代も女性が払う。

「まじで女性に出させるの？」

「そのほうが女性も気がラクなんです」

「クリスマスに高級ホテルでシャンパンあけないの？」

「何すか、それ。チョ～もったいないし。スマホ代にまわします」

「……」

そうです。

男ががんばって女を守る。

女はただニッコリ笑ってついてくればいいという結婚観は皆無です。

ですから、最初から「そんなにがんばらなくていいよ」という構えでいてくれる女性のほうが、魅力的に映るんです。

男ゴコロへの理解度が高い

男性と数年間生活をともにしてきたらわかること。

それは、「男はこういうとき、こんなふうに考えるんだ！」「こういう表情をしてるけど、腹のなかではこう考えているかも」といった予想が立てられるということです。

男女の間で、完全に相手の気持ちが理解できるということは「ない」に等しいくらいむずかしいことですが、それでも、相手の気持ちを予測するセンサーは、未婚の女性にくらべてビンビンに磨かれているんです。

たとえば、共働き夫婦で夕食を毎日は作れない、という夫婦の場合だと、「今日はゴハン作るね」と約束してあったのに、仕事が長引いて帰宅が遅くなってしまった、というのはありがちなこと。

そんなときは、「これ、前に怒られたよね……」という経験から、「とにかくレンジであっためるだけでいいお総菜を買って帰ろう！」と機転を利かせて、ピンチを回避。

なんていうように、結婚生活のなかで「ピンチをいかに回避するか」という術はたくさん身につけているはずなんですね。

相手に対して、どこまで求めたり、どこまで本音を言ったり、どこまで自分のしたいことをしたりしていいのか、という臨界点をうまく探りながら日常をまわしていく。

結婚生活ではそんな日々の積み重ねをしてきたはず。

ですから結婚経験のある女性は、「男性の気持ちを慮《おもんぱか》る」という能力を身につけているんです。

「前の人はこれを嫌がったけど、彼はOKなのかな？」

そんなふうに、相手の気持ちを探りながら行動することで、お互いにケンカをしなくてすむちょうどいい空気を作ることができるんですね。

そして、察することがむずかしそうなときはちゃんとたずねる。

「休日は私は8時ごろ起きてるけど、あなたは昼まで寝ていたいの？　合わせて起きてくれてるんじゃない？　いいんだよ。寝てて」

「バスタオル、私は2日に1回しか洗わないスタイルだけど、ほんとは毎日洗ってほしいの？」

というように思い込みで動かず、言葉で具体的にたずねる。

これができる女性は、何よりも強いです。

恋愛でも、異性と暮らしたことがない女性だと、「どこまでワガママを言うのは許されるのか」よりも、「これくらいの希望も通してくれないなんてあり得ない！」と自分本位に考えてしまいがち。

メイクやネイルをホメてほしいとか、頻繁にメールしてほしいとか、勝負下着に気づいてくれないとか、そんな女性的な価値観が男性には通用しないということもよく知っていますから、「なんでしてくれないの！」とイライラすることもありません。

逆に、疲れて帰ってきた男性に「聞いて、聞いて！」とまくしたてるよりも、癒やしの時間をあげるほうがよろこばれること、オシャレな見た目でザ・ヘルシーな料理よりも、食べごたえのある料理のほうがよろこばれることなど、男性がよろこぶポイントを心得ていますから、小さな「男女の価値観のズレ」がもとで口論になってしまい、お互いにストレスをためる……ということを回避できます。

これ、頭ではわかっていても、一度結婚生活を送った人とそうでない人とでは、実際に行動に移せるかどうかは大きく差が出るんですよ。

練習を積み重ねてきた人なら、次の恋愛や結婚ではお互いに心地のよい関係をきちんと築くことができます。

自分の「臨界点」を理解している

また、結婚生活のなかで自分の臨界点も理解しているはずです。

「私、前のダンナが何でもお母さんの言いなりになるのがイヤだった」

こんなふうに自分の限界点を超えてくる行動は何かというのが、過去の結婚生活のなかで見えたはず。

「ははぁーん、私は相手がこうしたらキレてしまう」という自己理解能力。

その臨界点をやすやすと超えてきそうな人は、選択肢から外して次の王子さまを選ぶことができますよね。

選ぶ時点で、その臨界点を超えるかどうか、あらかじめ探ることができます。

冒頭の例なら、「お母さんと仲、いいの？」「今の仕事ってどう決めたの？　親とかに相談した？」みたいな質問が、リトマス紙になります。

そのうえで、「この人は臨界点を超えてくるな」という男性を除外することができますよね。

つまり、自分とうまく生活できる相手を見極める目も養えているんです。

また、自分が生活のなかでどこまでならがんばれるか、ということもわかっています。

たとえば掃除が苦手なのに、すごくきれい好きな人と一緒になって、毎日ピカピカにしなければいけないというのはキツイ。

料理が苦手なのに、家庭的な料理を毎日作ることを求められるのはキツイ。

1婚のときは「でも好きな人と暮らすためならがんばれる!」なんて思いがちですが、身についた習慣や、得意不得意というものはそう簡単に変えられるものではありません。

それも身にしみてわかっているはず。

ですから、「私には、3日に1回の掃除機かけが限界!」「週に1回は外食の日がないとムリ!」というように、自分が人に合わせてがんばれる範囲を、自分で理解できるんですね。

だから、そんな自分を受け入れてくれる人を、うまく選ぶことができるというわけです。

相手にも自分にも、臨界点というものがある。

それをわかっているから、相手に完璧を求めることもしないし、自分に完璧を求めて追い詰めることもしない。

お互いに苦しくなく過ごせる相手を見極める目というのも、バツあり女子の強い武器のひとつなんですよ。

「守ってあげたい」願望をかきたてる！

一度離婚をすると、女性はその分強くたくましくなります。今まで精神的に頼ることができた相手がいなくなり、ひとりで生きていかなくてはいけない。

離婚のときに、そんな覚悟をしっかり持ったはずだからです。女性は離婚をすると、住民票をとりなおしたり、免許証、銀行の名義を書き換えたり、何かと手続きも多いですよね。

この手続きを一つひとつとりながら、「次へ進む」という覚悟を養っていきます。

離婚のときにやらざるを得ない作業一つひとつが、女性を強くする鍛錬マシーン！

これからは自立しなきゃ、と食べていくため、子どもを養うために仕事も生活もきちんとしようとがんばる。

その覚悟がなければ離婚はできませんから、バツあり女性はみんな「強い」女性なんです。

つらい経験を乗り越えて強く生きる女性の姿というのは、男ゴコロにはぐっとくるもの。

幸せにしてもらうために誰かに寄りかかろうとする女性よりも、「自分で自分を幸せにするんだ！」と自立している女性のほうが、男性は「俺が幸せにしてあげたい！」と思うものなんです。

男性には、基本的に競争本能が備わっています。

「幸せにできるのは俺しかいない！」という優越感が、男性の幸せにつながるんですね。

「誰にでもやすやすと寄りかかる女性にすぐ寄りかかられてしまう俺」よりも、「自立している女性が唯一寄りかかる俺」のほうが、うんと価値が高い。男性の自己肯定感を高められる相手、それは自立した女性なんです。

離婚というのは一般的には「苦労」「つらい経験」の代名詞というイメージ。

それを乗り越えてがんばっている女性は、男性にとって「手に入れる価値のある女」なんですよ！

そのうえ、1婚めの経験から、夫を立てる、ホメる、感謝するの3つの重要アクションが無意識に放たれる女性に変身しています。

最強の武器ではないですか。

脱皮してチョウチョになるように、よりいい女になっていると自信を持ってください。

恋愛離れ男子には「チョイ妻」感がぐっとくる！

専業主婦でなくても、結婚生活を数年送ることによって、女性には「主婦っぽさ」が身につきます。

言いかえると、家庭的な空気を身にまとうことができるということです。

料理なら、冷蔵庫にあるものでパパッと1、2品作ることができたり、安くて旬な食材で栄養のとれる料理を作れたり。

身近に体調がよくない人がいたときに、温かい飲みものを用意してあげたり、気づかうひとことをかけることができたりというのも、結婚生活のなかで自然に身についているのではないでしょうか。

最近の20～30代の男性は、よくこんなことを言います。

「彼女ができたら、何かとやってあげなきゃいけないからめんどくさい」

だから積極的に彼女を作ろうとは思わない、と。

でも、自分に対してあれやこれやと「やってくれる」女性がいたら、どうでしょう。

あれっ、この人といたら俺、心地いいかも……そんなふうに、恋愛も悪くないなと気持ちをシフトチェンジすることができるのではないでしょうか。

「恋愛はめんどくさいもの」ではなくて、「自分を支えてくれる相手と一緒に、幸せな関係を築くもの」と気がつけば、恋愛離れ気味の男子たちの心は動くはず。

バツあり女性は、そんな男子たちの心を動かす強い武器、「家庭的な空気」を持っています。

「おなかすいたからどこか連れてって?」ではなくて、冷凍庫に保存してあったお肉とブロッコリーでパパッと1品! 弱った男子には、「これ飲んであったまって。ムリしないでね」と温かい飲みもの! そんな「チョイ妻」感のある行動が、男子たちの意識を変えていくのです。

ギャップにときめかせるシングルマザー

離婚してシングルマザーになった女性の場合、「子どもがいることが、恋愛の足かせになるのでは」なんて考える人も多いと思いますが、全然そんなことはありません！

離婚後、しっかり仕事をしながらひとりで子どもを育ててがんばっているという女性の姿に、「ステキだな」と思う男性も多いのです。

モテるシングルマザーの特徴は、まずバリバリ働いていること。

子育ての大変さを職場でグチったりするようなこともなく、きちんと自立していることです。

仕事をきちんとしていると、シングルマザーには魅力的なギャップが生まれます。

それは「子どもがいるように見えない！」というギャップです。

バリバリ働いている女性は、自然と周囲に「お母さん」的な雰囲気を見せません。

きちんとメイクをして、がんばって仕事をしている「デキる女性」

一般的には、「デキる女性」というのは、家庭的な一面や子育てをするお母さんという一面とは相反するイメージです。

このギャップが、男ゴコロをくすぐるんですね。

「実は家に帰ったらやさしいお母さんをしている」「仕事に一途に見えるけど、子育てもきちんとしている」いろんな顔がある女性というのは、男性にとってはとても魅力的。

逆に考えてもそうですよね。

いつも同じ顔しか見せない男性よりも、こんな一面もあるんだと思わせてくれる男性のほうが、人として面白いなと思ったり、興味をそそられたりしませんか？

ですから、仕事をきっちりしているシングルマザーというのは、モテるんです。

ひとりで、社会できちんと活躍している女性という顔と、子どもを大切にするお母さんという顔をふたつ持っている。

どちらも大変だけど、それをちゃんとやってのけている。

そんな「ギャップ」と、「どちらもがんばる姿」に、男性はつい、守ってあげたいと思ってしまうものなんですよ。

リードされたい年下男子にウケる！

現代の男性たちは、恋愛においてワリカンは当然、ものごとも全部男が決めるのではなくふたりで決めたい、というように、彼女がいても「男がリードするもの」という感覚をあまり持っていません。

男女平等という意識が社会に根付いてきているなかで育ち、親たち世代を見ても亭主関白な夫婦関係が見られなくなってきている今、男女関係では男がリードするものという感覚は、もうなくなってきているのです。

「男が引っ張るって言ったって、何をどうしたらいいの？　めんどくせー！」という男子たちが、一般化してきているんですね。

ただ、女性としてはデートでも引っ張ってほしいし、できればお金もちょっと多く払ってほしいし、「俺についてこい！」という男性が魅力的に映るのもたしか。

それなのに全然リードしてくれない男子たちに、ちょっぴり失望を抱く若い女性たちが多いのです。

20代女性が40代男性に憧れるという現象が本になったほどです。

このように、若い世代の男女で恋愛観や需要と供給のミスマッチが起こっていることも、晩婚化や恋人がいない若者が増えていることの大きな理由になっているのではないでしょうか。

では、そんな「男が引っ張るって言っても……」という若い男子たちにとっては、どんな女性が理想なのか。それは、「リードしなくてもいい相手」ですね。

これって、バツありの年上女性にとってはかなり狙い目。

だって、男を甘えさせてあげることも、家庭的にサポートしてあげることも、結婚経験がある女性ならお手の物ではありませんか！

結婚経験のある女性は、相手がちょうど心地よいと思える「コンフォートゾーン」を見極めるのが得意。

相手がヤル気モードでデートを引っ張ろうとしているならそれに合わせておまかせ、なんでもかんでも決めるのは疲れるな～と感じ始めたなと思ったら、今度はこっちがリードする。

そんな駆け引きが上手にできるので、若い男性にとっては、男を立ててくれながらもがんばらなくていい「快適！」な女性なんです。

バツもあるし、若い男子なんて……と引いてしまわずに、次の王子さま候補にはぜひ年下男子もエントリーさせてみてください！

バツあり男性とは相性バツグン！

先ほど、バツあり女性は年下男子にウケると書きましたが、実はさらにウケのいい男性の層があります。それは「バツあり男性」です。

当然ながら、お互いに離婚経験があれば、「バツイチはいや」というような思考にはならないため、バツがあることがハードルにはなりにくいというのがひとつの理由。

また、同じような経験をしたことから、つらかった過去、苦い思いを分かち合えるため、意気投合もしやすいはずです。

バツあり男性のよいところは、あなたと同じように、結婚に対して現実的に考えることができるようになっているということ。

結婚したら男はどうなって、女はどうなるか、という現実を一度体験してきているため、お互いに現実的な話をしながら結婚までの道のりを歩むことができます。

「前はこんなことをやって怒らせてしまったな」

といった経験から、女性に対しての自分の行動をある程度反省もできていますし、「怒らせてしまったけど、これだけは直すことはできない」という自分の性格も把握できているはず。お互いに自己反省ができているから、折り合いをつけられるポイントをきちんと見極めていけるのです。

バツありの男性からしてみれば、男性心理をわきまえていて、折れるところは折れることのできる柔軟性のある女性は、とても魅力的な相手です。

「男ゴコロをわかってくれない」ことで振りまわされるストレスもありませんし、結婚してもすぐに精神的に安定した生活を送ることができるというメリットがあるからです。

さらに、離婚してから独身生活が長い人であれば、それなりに身のまわりのことも自分でできているでしょうし、経済的にも安定しています。

前妻との間にできた子どもに養育費を払っているケースもありますが、そうした支払いをしながらもひとりで稼いで生きていくという基本姿勢は、しっかり持っていると思います。女性にとっても、安心できる相手ではないでしょうか。

痛い経験をして、そこから仕切り直して自立した者同士、共感し合えたり、足りない部分を埋め合ったり、やさしさを持って接することができる。これがバツあり同士の結婚のよいところです。離婚件数が増えている昨今、バツあり男性と出会えるチャンスも増えているはず。

ぜひ積極的にコミュニケーションをとってみてください。

セクシーな「人妻っぽさ」も武器のひとつに

「人妻」という言葉には、どこかセクシーなニュアンスが含まれています。

まあ、男女のドロドロ不倫劇が繰り広げられた昼ドラや、AV、はたまた昔のピンク映画などの影響が大きいかと思いますが、もはや「人妻」＝セクシーなイメージ、というのは日本人の老若男女に共通して持たれているイメージではないでしょうか。

この「人妻」がなぜセクシーなイメージなのかというと、「人のものである」ということがひとつあげられます。

人妻好きな男性というのは、誰かのものになってしまった女性を、自分が奪うという背徳感に刺激を感じたい、優越感を得たい、という願望があります。

結婚して心も体も成熟した女性というところも、魅力のひとつですね。

セックスも自分が知らないようなことをあれやこれやしてくれるのではないか⁇　というトキメキにも似た期待感も……。

バツあり女性は現在「人妻」ではありませんが、「元人妻」というブランドは持っています。

よいですか。

肝に銘じてください。

これはブランドなのです。

まず、かつては「人妻」であったということ。

誰かに選ばれ、愛され、抱かれてきた女。

ここに、成熟した女性の色っぽさがあるのです。

「ダンナさんはどんな人だったんだろう？」「どんなふうに愛し合っていたんだろう？」

直接触れづらい内容だからこそ、男性にとっては想像力をかきたてられます。

セクシーな妄想を抱かせるのです。

ちょっとゲスいと思うかもしれませんが、男性にとっては女性に「性的な魅力があるかどうか」というのも、とっても重要なことなのです。

私は男女間の性の専門家ですから、セックスに関しては深く分析しています。

これまで何万件ものセックス相談も受けています。

草食系男性が出現してはいますが、やはりセックスは男女間にはなくてはならないものです。

しかも、もはや「人妻」ではないのですから、手を出しても慰謝料を請求されたり、バレてドロ沼になったりなんて危険もない。

妄想するだけで手を出せない相手ではなく、手を出してもいい相手だからこそ、近づいてみたくなるのです。

そんなセクシーな妄想を抱いて近づいてきた男性を、どう相手にするかはあなたしだい。

バツあり女性は、「バツイチです！」と言うよりも、「元人妻です♪」なんてかわいく言ってみるのもありかもしれませんね。

バツイチ女性のセックスに関してはまた解説したいと思っております。

第 4 章

実録!
2婚、3婚でさらに幸せになった女たち

結婚は、すればするほどうまくなる!
離婚という経験を乗り越えて「堂々再婚」を果たし、
現在は新たな王子さまと
ハッピーな夫婦生活を送っている女性たちは、
実際にたくさんいるんです。
彼女たちは離婚から何を得て、なぜ幸せになれたのか?
実際にインタビューしてみました。

Case01 バツイチ同士だからこそ、最高のパートナーになれた

別居再始でもすごく幸せ

保険会社で事務職をしている35歳の奈美さん（仮名）は、一度の結婚・離婚を経て、再婚を果たしました。

今は新婚1年め、お互いに「ベストパートナー」と言える仲だといいます。

奈美さんの一度めの結婚は、さかのぼること7年前。

当時は宮崎県に住み、英会話スクールの職員として働いていた彼女は、そのスクールに通っていた2歳年上の会社員と出会い、交際がスタート、その1年半後、今の保険会社の宮崎支社への転職なども経験しながら順調に交際を重ねて、27歳で結婚することになります。

奈美さんは、当時のことをこう振り返ります。

「あのころは、誰と結婚したいか、ふたりでどんな生活をしたいかよりも、とにかく『結婚というものがしたい』という気持ちでした。友だちよりも早く結婚をしたいという見栄があったんです。そのせいで、結婚というものを本当の意味で自分のこととしては考えられていなかったんだ

と思います」

そのため、1年半の交際の間も、なんとか結婚というゴールにたどりつくことに執着してしまい、相手に不満があっても口に出すことはほとんどなかったとのこと。

この現象はよくあること、むしろしかたないかもしれません。

私もかつてはそうでした。

20代のころは「結婚がゴール！」、不満があろうが、「ちょっとちがうんじゃないか」という疑念が浮かぼうが、プッと吹き飛ばす勢いで結婚に向かいました。

この彼を逃すと一生結婚できないんじゃないかという不安、女神の前髪説に洗脳されていたのは若気の至りでした。

奈美さんのお話をうかがいながらあのころの自分に重ねてしまいました。

「言いたいことを言ったら嫌われてしまうんじゃないかという不安があって。だから、お互いに腹を割って話すということが全然なかったんです」

そんな状態のまま、大きなケンカもなく結婚に至った奈美さん。

そのときは結婚にたどりつけたという安心感と、これから幸せな家庭を築いていくんだという期待感で、幸せな気持ちでいっぱいだったと言います。

ですが、そんな日々も長くは続かず、言いたいことを言わずにガマンしてきたストレスが、結婚後にさらに大きくなってしまうのです。

「アレレ？　と思ったのは、結婚して1年くらいがたってから。これは子どもは作らないほうがいいなって。彼、まったく家事を手伝ってくれない男だったんです」

そうです、結婚後1年、今まで見えていなかった相手のアレレ？　な点が浮かび上がる時期、もちろん自分のアレレ？　な点も相手には見え始めるのです。

「お互いさまだよねー」と笑って受け入れる夫婦こそ理想の夫婦というやつです。

自分のことは棚上げして相手のアレレ？　が許容できないからこそ、ピキッとヒビが入るのです。

結婚前に互いの家に泊まり合っていたときには、家事はなんとなく分担できていたのが、結婚してからパタリと元夫の手は止まり、家事は奈美さんだけが負担する形になったのです。

奈美さんも働いており、共働き夫婦、しかも、彼は家から車で15分ほどの距離に勤めていましたが、奈美さんは電車で2時間半を通勤に費やしていたのです。

当然、奈美さんのほうが帰宅は遅くなりますが、夕食を作って待っていてくれるということはなかったそうです。

結婚してから家事をしなくなる夫……妻の反乱の原因はここにあるかもしれません。

夫の親世代が専業主婦家庭で、父のお世話はすべて母がするのを見て育っているとよけいにそうなります。

なんせ昔は「男子厨房に立たず」などというカジエモンや速水もこみちさんが泣きたくなるような言葉があったのです。

「そもそも新居を決めるときも、私の通勤時間は関係なく、自分が通いやすいかどうかだけで決めてしまったんです。そのときも私はイヤだとは言えなくて。でも、私のほうが帰りが遅くなるのに、先に帰っている元夫は何もしないどころか『炊きたてのゴハンが食べたい』とゆずらず、私はいつも帰ってから急いで食事の準備をしていました」

これでは当然、ストレスがたまるばかりか、体も休まりません。

奈美さんはしだいに追い詰められていきます。


常に「自分優先」だった元夫に耐えられず……


奈美さんはなんとか状況を打破しようと、元夫に「家事を手伝ってほしい」と頼みました。

しかし、帰ってきた答えはこうだったそうです。

「そもそも、専業主婦になれって言ったよね？」

この返答に驚いたという奈美さん。

それは結婚前に「専業主婦ができたらいいよね」というくらいの軽いレベルで話をしていただ

けというのが、奈美さんの認識だったからです。

しかも、結婚してすぐに元夫は転職をしたのですが、その転職先は小さな製造業の会社で、給料も家族を養うには十分と言えず、また経営難におちいっているという状況でした。

「専業主婦になれればいいですけど、いつ何があるかわからないし、経済的にも不安があったので、私は仕事を辞めるわけにはいかなかったんです。でも、それが元夫には不満だったようで。だから、ちゃんと家事をするために、私の通勤時間をもう少し短くできないか、つまり引っ越しはできないかと頼んだんです。でも彼はそれも嫌がって。私はどうしたらいいの、と毎日思っていました」

話し合いをしようと奈美さんは何度も頼んだそうですが、元夫はそれには応じずに不機嫌に黙り込むばかり。

こういった不満もよく相談を受けます。

妻側は話し合いをして解決したいと考えているのに、夫が黙り込む、何カ月も続くと妻はあきらめて「言ってもムダ」という心境になり、こうなってくるとピキッとしたヒビではなくバッキリ床が割れているような状況です。

本来は話し合いでいい方向に修正できれば元通りになる可能性が高いですが、バッキリになっていると何か外部圧力がないと夫婦関係は修復できません。

ここに、ダメ押しの出来事が、四国に住む、元夫の祖父が亡くなったのです。

その日、元夫は東京に出張に行くことになっていました。

どうしてもキャンセルできない仕事とのことで、出張に出かけていく元夫に、奈美さんはこう伝えたそうです。

「東京から飛行機で四国に行きなよ。私が現地で待っていて、車ですぐ送れるように準備しておくから」

ところが夫はその案には乗らず、出張後はいったん宮崎県の家に帰ると言い張りました。

「それで帰ってきて、翌日行くのかなと思ったら、行かないんですよ。その翌日も行かない。3日たって、『なんで行かないの？』と聞いたら、『だって今さら行っても通夜も葬式も終わってるじゃん』って言うんです」

奈美さんは、彼が小さいころ、その祖父と一緒に住んでいてかわいがってもらったという話を聞いていたので、なぜその祖父の元へ行かないのかが不思議でした。

「だから、私だけでも行く、と言って家を出たんです。そうしたらあとを追いかけてきて、結局一緒に行くことになりました。でも、そのときに私、家族を大切にできない人はイヤだな、情がない人とは暮らせないな、と思ったんです」

そんなことが重なるなかで、奈美さんはしだいに精神的に不安定になっていきました。

そして結婚から2年後に、実家に戻って別居することになったのです。

離婚の前にまず別居、これもかなり壁が高い判断です。

別居を決断する女性はその先のことを見すえて行動しています。

別居中に「いや待てよ、やっぱり夫がいないとさみしい。楽しいこともいっぱいあったしなあ……」と元の鞘におさまる夫婦もいますので、冷静に関係性を俯瞰する期間としての別居はありでしょう。

ただし、期間は決めておくことが大切です。

半年たっても夫のことがもう一度好きになれなかったら腰をあげてください。


離婚となれば、すっぱり切る！


元夫と離れ、実家で暮らし始めた奈美さん。

家族は奈美さんがガマンを重ねて精神的にまいっていたことを心配して、離婚には賛成してくれたそうです。

その半年後に奈美さんは、もう元には戻れないと離婚を決意、この時点で、奈美さんと元夫の共有の財産としては、奈美さんが家計をやりくりしながら2年でコツコツ貯めた250万円。

それから結婚時に相手の家から贈られた結納金200万円が手つかずで残っていました。

そして離婚を切り出した奈美さんに、元夫はこう言ったのです。

「結納金は半分返せ」

奈美さんは驚いたそうですが、気持ちを落ち着かせて、こう考えたそうです。

「お金を渡してキレイに別れられるなら、払ってしまえと。むこうはそのときには、転職先の会社も辞めてしまっていて、次の仕事が決まっていない状態だったので、お金もいるだろうし。離婚にあたっては、わからないことは無料の弁護士相談を使って手続きを進めて、私が必要なお金は引っ越し代くらいだったので、もういいやって」

結局、貯金と結納金を合わせた450万円をふたりで折半することにして、離婚はすんなり成立となりました。

「離婚が成立したときには、本当に安堵感と開放感でいっぱいでした」と言う奈美さん。

ひとりになってしまった、というさみしさはほとんど感じなかったそうです。

「私、がんばって作っていた料理の味も『好きじゃない』と文句を言われて、しょっちゅう嫌味を言われていたんですけど、そういう苦痛からも解放されて、本当にスッキリしました。やっと自分のライフスタイル、自分のペースを取り戻せたって」

世の中の離婚を考えている人のなかには、「この先うまくいくのか」「ひとりになって大丈夫だろうか」と悶々と悩み続けている人もたくさんいますが、奈美さんのように「離婚する」と決めて行動に移し始めれば、そうした不安よりも「スッキリ感」が上回り、きちんとリセットできる女性がほとんどなのです。

奈美さんも29歳で離婚を経験し、そこからしばらくはシングルライフを満喫します。

奈美さんがお金に執着しなかったのも結果オーライでした。

ほかの事例でもお金にしがみつかず「そのくらいくれてやる！」と思った人ほど、スムーズに進んでいます。

離婚後の不安があるので少しでも多くお金を取りたい気持ちがスタンダードです。

でもここでドロ沼合戦をするより、「こんなケチくさい男性と結婚したアホな私」といったん反省して執着心を取り除くのが精神的にもラクだと思います。

まずはオノレの反省を……。

大学時代の先輩と10年以上ぶりの再会

「離婚した後は、仕事の後に飲みに行ったり、サーフィンを始めたりして、楽しい毎日を送っていました」と、楽しそうに話してくれた奈美さん。

離婚に至るまでの経緯を話していたときとは、表情が変わってきました。

「合コンも行ったし、いろいろな場所で出会いもありました。遊び相手の男性もいましたよ」

それでも、つきあうつきあわないという話になると、「つきあわない」選択をしてきた奈美さん、というのも、離婚を経験したことで男性を選ぶ「基準」ができたからなのだそうです。

ここはポイント、みなさんの参考になるはずです。

だめんすを引き寄せるタイプの女性がいますが、「基準」があやふやで、そのうえすぐに情に流される方が多いかと……。

「昔はちょっと年上だと、『何でも知っていて余裕があって、頼れる人』という憧れがあって、それに引っ張られて交際相手を決めてしまっていたところもありました。でも、離婚後は、きちんと話し合いができて私の意見も尊重してくれるかどうか、自分の家族を大切にしているかどうか、お金に対して計画性があるかどうかということを、しっかり見るようになりました。その基準に合わなければ、真剣につきあうという選択肢はなかったですね」

そんな奈美さんでしたが、33歳になるころには、少しあせりも出てきたといいます。

それは、まわりの友だちが妊娠をしたり、不妊治療をしたりといった話を耳にするようになったから、そうなのです。

神が与えし女性の不利な点は「出産年齢」という制限です。

男性はいくつになってもＥＤじゃない限りパパになれるのに、なぜ女性は……。

「出産にはやっぱり、年齢も関係しますから。不妊治療をしている友だちの話を聞いて、『できないときにはこんなにできないんだ。私は大丈夫だろうか』なんて意識し始めてしまって。でも、あせりは禁物なんです。あせり始めたら、それまで持っていた『基準』がまた急にあやふやになってきてしまって。これではいけないと思って、心機一転をはかることにしました」

心機一転も、ポイント、パッとせず悩める月日がながーく続くようなら環境を変えることです。景色が変われば気持ちも変わる。

まわりにいる人が変われば人生も変わる。

それまで宮崎県で働き続けていた奈美さんでしたが、会社の支援制度を使って東京本社への勤務希望を出し、それがかなったのです。

そして上京し、新たな生活がスタート、ここで上京にともない、東京にいる知り合いと食事でも……と、SNSに書き込みをした奈美さん。

まだ知り合いも少ない土地ですから、誰か気軽に会える相手がほしかったのです。

そこにひとりの男性が応じてくれました。

「私は山口県の大学に通っていたのですが、そのときのサークルの先輩が東京にいて、『こっちに来たなら食事でもしようか』と連絡をくれたんです。でも私、サークルは3つがけ持ちをしていて、その先輩と一緒だったサークルには、あまり顔を出せていなくて。それでも覚えていてくれたことがうれしかったですね」

大学卒業ぶりに会った先輩とは、この日は食事をしてお酒も楽しみ、すんなりと解散になり、その後はしばらく会わなかったそうです。

しかし、それまでは1年間のみの予定で勤めていた東京本社が、彼女にもう1年いてほしいと引き留めてくれ、そのことを先輩に報告すると、「じゃあお祝いしよう」ということで、再び会うことに。

「このときいろいろな話をして、彼の人柄にぐんぐんひかれていったんです」

そう、奈美さんの前に、次の王子さまがやってきたのです！

やったね！　心機一転で出会いを引き寄せた成功事例です。

再婚相手は「バツイチ王子」

奈美さんが先輩にひかれた大きなポイントは、彼が地域の子どもの学習をサポートするボランティア活動をしていて、「他人のためにここまでがんばる人なら、家族を絶対大切にできる！」と感じたからだそう。

さらに、奈美さんのちょっとした愚痴も笑って受け止めてくれたり、疲れたときには先回りして「疲れてるんでしょ？　気をつかわなくていいよ」と声をかけてくれたりというところから、思いやりを感じたそうです。

奈美さんがこうして先輩にひかれていくと同時に、先輩のほうも奈美さんに好意を寄せ始め、ふたりは急接近していきます。

「彼は甘えられるのが好きなタイプ。私は末っ子の妹で、彼は長男。だから合ったのかもしれません。つい八つ当たりしてしまったときにも、しょうがないなあと受け止めてくれるんです」

会って話をするなかで、そんな彼は自分もバツイチであることを奈美さんに明かしました。

その経験から、今何を思っているか、彼は奈美さんに話してくれたそうです。

「彼は最初の結婚では、『家族のために仕事をする』とがんばりすぎてしまい、そのために家に帰れないこともしばしばあったそうなんです。それがもとで奥さんと心が離れてしまって、離婚に。自分はこんなにがんばっているのにと思ってしまったこともあったそうです。でも今はその経験から、家族を大切にするとは、家族ときちんと向き合って思いやることだと学んだって」

元夫との離婚以降、「家族を大切にする人か」「きちんと向き合って話せるか」を重視してきた彼女だっただけに、この言葉は響いたようです。

ふたりは交際することになり、半年を経て入籍を果たしました。

再婚してすぐまた別居。でも幸せな別居なんです！

こうして再婚を果たしたふたりでしたが、実は今は別居中、入籍と同時に別居生活が始まっていたのです。

　これには理由があります。

「彼にはやりたいことがあって、そのために東京から長崎に移ることが交際時から決まっていたんです。だから、少し離れてしまう期間ができるとわかっていましたが、それでも、この人とならうまくやれるって確信がお互いにあったので、再婚することにしたんです。私はあと1年東京で働いて、その後は彼の近くに移ろうと思っています。こちらの仕事の都合などもあるので、一緒に住めるかどうかはまだわかりませんが……」

　結婚にはいろいろな形がありますが、別居しながらも夫婦としてうまくやっていけているという人も最近では多くいます。

　こうしたスタイルに対して、「うまくいくはずがない」「夫婦としてダメ」とレッテルを貼る人もいますが、奈美さんはそうした世間の声は気にならないと言います。

　ここが私が力説する「世間って誰？」、自分たちが幸せならその幸せムードはまわりの人に伝播しますので、いずれ祝福してもらえます。

「うまくいかない」レッテルを貼ろうとする評論家の世間は、その人自身のパートナーが浮気していきなり家出したらどうすると思いますか？

　穴に隠れるでしょうか。

100％完璧な夫婦などいません。

しかし、離婚経験がある方は心の痛みがわかるはず。

レッテル評論家の世間は夫婦関係がくずれても、指差したりはしません。

世間など常に形が変わるもの。

つまり自分も世間じゃないか。

ならば他人の恋愛や結婚はすべて祝福しようというくらいの余裕をかましましょう。

奈美さんも言っています。

「最初の結婚で、世間体を気にして見栄を張ってきた自分が恥ずかしいなと今は思っていて。いったい誰に対して見栄を張ったんだろうって不思議なんです。だから今は、自分たちが心地よければいいかなって。わかる人にわかってもらえればいいんですから」

東京と長崎、距離としては少々遠いけれど、奈美さんが体調を崩したときにはすぐに飛行機に飛び乗って来てくれたという新しい夫。

奈美さんも、離れていながらもインターネットを使ってときどき彼の今の仕事を手伝うこともあるのだとか。

「私の家族とも、すぐに打ち解けてフレンドリーに接してくれていますし、そんな相手を選べたことが今は本当にうれしいですね。最初の離婚がなかったら、こういう幸せは得られなかったかも。世間体にしばられて、自分や家族をないがしろにするような生活を続けていたらと思うと、ちょっと怖いです。でも、ちゃんと終わらせたからこそ今がある。過去に引っ張られず、アレはアレでよかった、と今は思えるんです」

離婚を通じて、自分自身も成長できたという奈美さん。

同じく人と向き合うことの大切さを離婚で学んだという新しい夫と一緒に、幸せな別居婚生活を満喫中なのでした！

やっぱり、離婚→再婚で成長したと言い切っている。

人はなかなか自分で「成長したわ」と言い切ることはできません。

苦労、悲しいこと、さみしいこと、つらいことを乗り越えて幸せになれば、奈美さんのようにきっぱり言い切れるのです。

Case02 30代半ば、再婚活動で年下農業男子とゴールイン！

年齢もバツも同々と

次は、バツイチで10歳年下の男性と今年再婚した、37歳の絵里さん（仮名）のお話。

絵里さんはこれまで、年下の男性は結婚やおつきあいする相手として見たことはなかったそうなのですが、そこからの「今はもう、本当に幸せです！」と言える年下男子との堂々再婚。

なぜ、そんな幸せな再婚を果たせたのか？　具体的にお話を聞いていきましょう。

絵里さんが最初に結婚したのは、29歳のころ。

広告の仕事をしながら兵庫県に住んでいた絵里さんの1婚めのお相手は、仕事先で出会った2歳年上の男性でした。

「相手は起業してお店を持ったばかりの男性でした。当時私は、起業する人や、自分で何か新しいことを始められる人ってかっこいいな、と思っていたんです。そんなこともあっておつきあいが始まりました」

この交際スタートから、絵里さんカップルはなんと約2カ月で結婚を決めたと言います。

というのも、「彼の両親、とくにお母さんが私のことを気に入ってくれて、『結婚しなさいよ』と強くすすめてきて。彼も私も30前後。いい年ですし、まあいいかなと思って結婚を決めました。すぐに同棲を始めて、1年ほどで入籍しましたね」

ただ、このときには実は絵里さんの心は「晴れ晴れしい気持ちで結婚！」というわけではなかったとのこと。

「結婚式ギリギリまで、流されて決めてしまった気がして、本当にいいのかな、この人についていけるのかなという不安が心の奥にあったんです。でも、式が決まっていてたくさんの人に声をかけてしまっているし、後には引けず……」

このときから、「もしかしたら私は再婚することになるかもしれない」と思うこともあったという絵里さん。

その予感は的中したわけです。

では、彼女の不安の元は何だったのか？　それは、彼とお母さんとの関係性にありました。

「マザコンとまではいかないのですが、重要な決断はすべてお母さんがするという家庭だったんです。金銭面もお母さんに頼っている部分があって。結婚もそうですし、起業にしても援助してもらっていて。両親と一緒に食事に行っても、支払いはお母さんなんですね。それで、起業家といっても、この人は本当に自立しているんだろうかという疑問が湧いてきたんです」

そして結婚後も、その不安はどんどんつのっていったといいます。

「最初は両親と同居だったんですが、それでは自立心がなくなってしまうからということで夫婦で決めて、その後ふたりで家を出たんです。そのときの頭金も、お母さんが出してくれました。その様子を見ていて、この人とちゃんと生活していけるのかなあと不安になってきてしまって」

すれちがう生活から、夫の浮気が発覚

1婚めの夫に不安を感じていた絵里さんは、ここで大きな決断をします。

それまでついていた広告の仕事を辞めて、職や給料が安定している看護師になろうと決めたのです。

この決断はすばらしいです。

心機一転にはいろいろな方法があります。

住む場所を変える、職を変える。

結婚に不安を感じ始めたときに、そのまま惰性でやりすごすか、夫婦仲を修復するか、将来設計を考え直すか、自分の心の声に耳をすまさなければなりません。

「私の姉が看護師で、母も昔からすすめられていたんです。でも私にはそんな大変そうな仕事はムリだと思って、それまで考えてもいなかったんですよ。ところが、起業したばかりでまだ経営

も不安定な状態の彼と一緒にいたら、考えが変わって。自分が安定した仕事について、家計を支えようと思ったんです」

絵里さんは結婚2年めに、看護学校の入試にチャレンジし、無事合格しました。

このときは30歳。

看護学校へ払う入学金は夫が出してくれたそうです。

そこから、絵里さんの忙しい日々が始まります。

日中は学校に行き、帰ってからも夜遅くまで勉強、勉強。

家事まで手がまわらないことも増えてきたのです。

「夫は看護師になることには賛成してくれてはいたんです。でも、気持ちのなかではイヤだなと思うこともあったんじゃないかなと思います。私が安定した給料をもらって忙しく働き出すことで、家庭のなかでの私の力が強くなることを不安視していたり、もちろん家事がきちんとできていないことに不満もあったり。でも、口には出さず、表面的には理解している感じで、仲のよい夫婦を演じていたようなところもあったんです」

お互い学校に仕事にと忙しく、なかなか本音を言い合うことがなかった夫婦は、こうして少しずつすれちがっていったそうです。

そして、そんな日々のなかで、夫の父親が病気で亡くなってしまったのです。

「それ以降、母親を気づかって、夫は実家に行くことが増えていきました。ますます一緒に過ごす時間が減っていき、私たちの溝が広がっていったんですね」

そして、ついに離婚に至る決定的な出来事が起こります。

それが、結婚4年めのことでした。

「夫が、浮気をしたんです」

それも、相手は10歳以上も離れた、ハタチくらいの女の子。

このときは勘が冴えわたり、浮気相手を突き止めることができたという絵里さんでしたが、実は最初は離婚は考えなかったのだと言います。

「家事ができなかったことにガッカリしたり、さみしい思いをさせたりしたのかなと、ちょっぴり反省すらしました。もちろん浮気には腹が立ちましたけど、そういうことがあってもなんとか乗り越えてやっていくのが夫婦だろうと思っていたんです」

ところが、夫のほうが「本気」になってしまっており、離婚を切り出してきたのです。

「もう一緒にやっていくのはムリだと言われてしまったんです。このとき、すごく昔のことまで掘り返して言われたんですよ。結婚するくらいのときだったと思うんですけど、何かの話の流れで、私が『ちっさい男やなぁ』と軽く言ったことがあったんです。それが本人はすごく傷ついたみたいで。私は忘れていたんですけど（笑）。私、気が強いところがあって、ケンカしても言いますぎてしまって、むこうの心が折れてしまうということがあったんですね。そういうのも悪かったのかなぁと今は思います」

絵里さんの夫の浮気に対する自己分析、ドンピシャで当たっています。

私の運営する夫婦仲相談所に来られるたくさんの浮気相談の方々の話を聞きながら考えました。

すると夫の浮気原因は妻にもあるという構造が浮かび上がってきました。

それもあって以前には『モンスターワイフ』という書籍も出版しました。

絵里さんのモンスターワイフ的一面が出てきたために夫が別の女性に心動いた。

これは絵里さんの反省点です。

そして自分の悪い点に気づいたことは成長でした。

離婚すると言って聞かない夫に、絵里さんも、「気持ちが離れているのを感じたので、もう粘ってもしかたがない」と思い、そのままふたりは半年の別居を経て、離婚することになりました。

このときの絵里さんは、34歳。

新たな人生がここからスタートします。

新天地で再婚活動をスタート！

もちろんいろいろな背景はありながらも、夫の浮気がキッカケとなり、離婚に至ってしまった絵里さんでしたが、その離婚は彼女にとっては得るものも大きかったと言います。

「まず、看護師になれたということ。夫の頼りなさに不安を感じたからこそあの決断ができた、そして今があるということです。また、最後に彼はきちんと誠意を見せてくれた。だから私も、次へ踏み出すことができたんだと思うんですね」

そしてモンスター的一面があることで、夫を浮気に走らせたというのも明確になったので、勉強になっています。

実は離婚が決まるころには看護学校を卒業し、看護師の資格を得ていた絵里さん。元夫は絵里さんがもらっていた奨学金の返済も、別居中の生活費も、その後看護師として働くために兵庫から大阪へと移ったときの初期費用も、出してくれたのだそうです。

「といっても、最初はゴネてたんですよ（笑）。『浮気の原因を作ったのはオマエだ』とか言って。でも、お金で誠実さを見せてほしいとこっちも折れず（笑）。結局最後は『オマエの数年をムダにしてしまってごめん』と土下座してあやまってきました。なんだかんだ言っても、やさしい人ではあったんですよね。それでお金のことが片づいたら、なんだかスッキリしてしまって。新しい世界へ飛び出すことができました」

当然ながら最初はさみしさもあったそうですが、看護師という新たな職を手に入れ、新たな地に移ったこともあり、気持ちは前向きに切り替わっていったと言います。

しかも、新天地での看護師1年めは、仕事に追われてめまぐるしい日々！

「すぐに気持ちを切り替えて、次の結婚に向けてがんばろうと思っていたんですけど、慣れない仕事で怒られてばっかりで、もうそれどころじゃなかったですね。職場の同期は20代前半で、私より10歳以上も下。だから誰かいい人を紹介してとも言えず……」

職場は給料も安定していて好待遇だったそうですが、しだいに絵里さんはあせり始めます。

34歳というお年頃から、再婚するなら早くしなくてはと思ってしまったんですね。

でも、今の職場にいては忙しすぎて出会いはなくなってしまう……。

そこで絵里さんは、病院での1年のキャリアを経て訪問看護の仕事に転職をすることにしました。

「仕事はまたイチからやり直しですが、時間の融通が利くようになったので、ここでやっと婚活ができるようになりました。35歳からの婚活スタートです。いろいろな会社が主催する婚活イベントに参加して。30代半ばに入っていたので、それはもう、本当に真剣にやりました」

そんな絵里さんのお相手への条件は、これ。

「経済的には、私よりもらっていて安定していればOK。でも、精神的に自立しているかどうかは重要でしたね。1婚のときは、まだあまり基準はなくて、何か新しいことをやっている人ってかっこいいな～というくらいの感覚だったんですが……。やはり、精神的な自立は重要だと思いました。お母さんに決断をまかせてしまうというのではダメ！」

こうなると、自然に相手の年齢層は自分より年上、40代男性がターゲットになっていきます。

しかし、絵里さんの婚活はここで難航してしまうのです。

婚活イベントでは、自分の年齢が30代半ばということもあり、そもそもの参加資格設定が30～40代となっていることも多かったと話す絵里さん。

「精神的自立」という基準から、自身も40代男性をターゲットに婚活をしていきましたが、これがなかなかうまくいきません。

というのも……、「私が出会った40代の婚活中男性、なんだかみんなキャラが濃かったんですよ(笑)。たとえば高収入で、仕事をバリバリこなしている男性。自分に自信があるがゆえに、嫁への理想が高いんですよね。『自分を理解してくれて、うしろから支えてくれる人、世話をしてくれる人がいい』みたいなお話をされると、『私の自由はないのかな……』『めんどくさそうだな……』と思ってしまって。あるいは逆に、自分に全然自信がないという人。これはこれで、頼りないですよね。そんな感じで、個別に食事に行った相手も数名いましたが、なかなかピンと来ないんです」

それでも、下の年齢層を考えてみるということは、この時点ではまだ絵里さんにはなかったそうです。

「だって、わざわざ年上でバツイチの女性と結婚したいと思う若い男性がいるとは思わないじゃないですか（笑）」

そうです。

おっしゃるとおりです。

しかし、この一般的見解が再婚には非常に大きな障害になるのであとで説明します。

こんな思い込みから、40代男性に絞って婚活を続けていた彼女に、再び転機が訪れます。

それは、大阪から東京への転勤。

勤めていた訪問看護の会社が東京にもあり、そこへ移ることになったのです。

旅行気分の婚活ツアーから、風向きが大きく変わる

転勤先の東京で、絵里さんは再び婚活を始めます。

そこでの新たな出会いが、彼女の運命を切りひらくことになるのです。

東京での新居で、地元の人たちが集まるイベントに「地域の人と仲良くなりたい」という思い

から参加した絵里さん。

そのイベントで、偶然にも婚活イベントを主催する会社の社員と出会います。「自然と、『私も婚活しているんですよ？』という話になったんですが、そのときに岐阜県の農業男子たちとの婚活ツアーを教えてもらったんです。それで、もともと山登りや自然は好きだったので、婚活というよりも旅行気分で出かけようと思って参加したんです」

その農業男子との婚活で、絵里さんの意識は大きく変わることになりました。

それまで都会のオフィスで働く男性たちを相手に婚活をしていた彼女でしたが、そうではなく自然相手の仕事もいいなと思うようになったのです。

また「食」に関する興味があったのも、農業に気が向いた理由のひとつとなりました。

「農家の男性たちに『自然を相手にする仕事って大変ですね』などいろいろお話をしたら、『人を相手にするよりはラクですよ』と言われたのが面白かったんです。旅行気分だったのが、『あーっ、そうかっ!!』とイッキに気持ちが『農業もいいな』となってしまって。自分もやってみたいなと」

そこで次は、他の地域の農家も見てみたいと、佐賀県での農業男子との婚活ツアーに参加した絵里さん。

ここに、出会いが待ち受けていました！

「ツアー中、たまたまバスで隣の席に座った男性。移動中、無農薬野菜の話で盛り上がったんですね。私も普段から無農薬の野菜を買うようにしていたけれど、スーパーで買おうと思ったら高い。だから、もっと無農薬栽培が広まって、普通の値段で手に入るようになればいいのにと思っていたんです。そんな話をずっとバスのなかでして。でも、相手は27歳。このとき私は36歳で、話は面白かったし盛り上がったんですけど、相手とは年も離れているし、ないだろうなと思い込んで、婚活の対象としては最初は考えてはいませんでした」

ところが、お相手のほうはそうではなかったようで……。

その話をキッカケに、絵里さんに好意を抱いたのでした。

「今まで農業をしていることに『すごいね』と言ってくれる女性がいなかったり、農業や食品に興味を持つ女性とも出会わなかったりしたようで。『奥さんになる人には、一緒に農業をやってほしい』という気持ちもあったため、私に興味を持ってくれたんですね」

その後、連絡先を交換していったん東京に戻った絵里さんの元に、彼から頻繁にメールや電話が来るようになったとのこと。

ただ、絵里さんとしては年齢のこともあり、また子どもがほしいということもあったため、いくら好意を持ってくれても「結婚をちゃんと考えてくれる人」でないとおつきあいはできないと思っていたそうです。

「それで、そのことを電話で伝えたんです。そうしたら、『それなら、結婚前提でお願いします』『子どものこともあるから、早く話を進めたほうがいいと思う』と言ってくれたんです。そこまで覚悟を決めて、また私の都合を考えてくれるんだということに感動してしまって。それで、おつきあいすることに決めました」

それまでの婚活で出会った相手は、相手の立場に立って考えるというよりも、「自分の妻にふさわしいかどうか」を重視していた男性が多かっただけに、絵里さんにとってはなおさら感動があったんですね。

そうして、絵里さんは再婚へ一直線に進んでいくのです。

ふたりでひとつの方向を向いて、生きていく

27歳の農業男子と出会ってからおつきあいがスタート、4カ月ほどがたち、佐賀へと引っ越した絵里さん。

その1カ月後には、入籍を果たします。

1婚のときと同じくスピード結婚になりましたが、今の結婚生活には大満足だと言います。

結婚式のときまで不安を感じていた1婚のときとは大きくちがうと話します。

「知り合って間もなかったけれど、誠実な人ですし、親に依存していないところも魅力でした。

農家の親子関係って独特で、父親と息子が親子でありながらも半分ライバルというような感じなんです。だから息子は独立心があって、親にべったりではない。私が求めていた『精神的自立』ですよね。また、私自身も気持ちが農業に向いていたので、夫婦で農業というひとつのことをやっていけるということで、日々充実感も抱いています」

ただ、再婚にあたって、絵里さんがバツイチであることや、10歳ほども年上であることは、ネックにならなかったのでしょうか。

「夫には、最初に出会ったツアーの終わりごろに、バツイチであることは話してあったんです。一瞬困ったような顔はしましたが、でも子どもがいないということで、じゃあいいかとなったみたいです。ただ、相手の両親には最初、私は30歳と言っていて……。しかもバツイチであることも隠していたんです」

これは今の夫が結婚にあたって、親からの反対を避けるためについたウソ。

ところが、この婚活ツアーを主催した会社の広報誌にインタビュー協力をしたことで、本当の年齢がご両親にバレてしまうことに……。

「本当の年齢を出したらバレるとは思ったんですけど、ほかの婚活する30代女性に勇気を持ってもらいたいと思って載せてもらったんです。また、離婚経験があることも、ある日昔の郵便物が転送されてきたことでバレてしまったんです。1婚めの名字で来てしまったので……。私も言いたくても言えなくて悩んでいたので、バレてしまったことで少しホッとした気持ちもありました」

真実を知ったご両親、最初は「だまされているのでは？」と息子を心配したそうですが、最終的には絵里さんが涙を流しながらきちんとあやまったことで、許してもらえたとのこと。

「怒っていたお父さんから、『本来は息子が伝えるべきだった』『申しわけない』と言われて、本当にありがたかったですね」

今は午前中は家事をこなし、午後からは夫婦で農作業をするという新婚生活を楽しんでいる絵里さん。次のように過去を振り返ります。

「初婚の相手が入学金を出して看護学校に行かせてくれたから、また離婚を切り出してくれたから、今の幸せがあるんですよね。人生を変えようとせず、結婚したのだからという義務感でズルズル結婚生活を続けていたら、こんな幸せはなかった。感謝しています」

そして、一度めの結婚・離婚を経て再婚をした絵里さんは今、「結婚」というものをこんなふうに考えているそうです。

「恋愛感情だけではダメなんです。そういう感情を超えた先も、一緒の方向を向いて生きていける相手かどうかが大切」

農業というひとつのことにともにたずさわり、ふたりで目標を作りながら前に進んでいく絵里さん夫婦。これからも仲良くがんばってほしいですね。

そして絵里さんの成功体験の重要なポイントは、「年下男性に目を向けた」こと。

自分の年齢や離婚経験をコンプレックスと思うなかれ。

30代後半だからお相手は40代、50代が妥当……なんて誰が決めた？　年上のほうが包容力があって守ってくれるなど、ただの幻想です。

男性の魅力は年齢に関係ないのです。

10代でもしっかり真実を見抜ける男性もいれば、40代でもヘラヘラしてその日暮らししかできない男性もいるのです。

「一般的な意見」はあてにしてはいけません。ここが私の力説する、固定概念は吹き飛ばす作戦です。私も50代で20歳年下のイケメンを獲得した体験をふまえてもの申しますが……。再婚相手を年齢でしばるなかれ。年が離れているからこそ面白い発見ができて新鮮という考え方に今すぐシフトしてください。

Case03 妥協なき再婚活動でエリート外国人をゲット！

幸運を引き寄せたのは無欲な気持ちだけ

最後は、43歳で11歳年下のアメリカ人男性と再婚を果たした典子さん（仮名）のお話です。

「あの離婚があって、本当によかった。『ビバ離婚！』ですよ（笑）」

と表情を輝かせて話してくれた典子さんのお話は、まさに再婚シンデレラ・ストーリー。

では、1婚のお話から順を追って聞いていきましょう。

典子さんの最初の結婚は、27歳のころでした。

1婚めのお相手との出会いは25歳のとき。

友人を通じて出会ったその男性は、画家として活動しながら昼はアルバイトに勤しむ、いわゆるフリーター。

何度か顔を合わせ、何人かで食事をした後にバイクで家まで送ってもらうなどしているうちに、ふたりは恋に落ちていきます。

「彼はルックスがよくて、話が面白かった。当時の私は、かっこよくて話が面白ければいい男、と思っていたんです。だから20代後半で月15日程度しかバイトをしていない彼でも、気にならなかった。それに彼、実家はお金を持っていたし、それほど貧しいというわけでもなかったから」

そのまま2年半同棲を続け、ふたりは結婚します。

「あのときは、同棲生活が惰性になっていたので、結婚したら何かが変わるという期待がありました。結婚を機に彼が就職したり、バイトを増やしたりということも期待していたんです」

ところが、彼のほうは結婚後も変わらず、2日に1回ほどのアルバイトをするのみで、生活を変えようとはしなかったそうです。

そのころには、典子さんはなんと起業して自分の店を持っていました。

海外から雑貨を輸入して販売するお店を立ち上げていたのです。

仕事をしない夫、だめんずを引き寄せても最初のうちは気づかない、いや気づきたくない女性も多く存在します。

恋愛期間は恋愛対象を何かとポジティブにとらえてしまう。

あばたもえくぼ的な現象です。

いつか働いて稼いでくれる、のんびりしている彼が心地よい。

霞を食って生きることはできないというリアルな現実に気づくのは、人によって差があります。

典子さんは、早めに気づきました。

「私のほうは新しく始めた仕事が順調に進んでいって、収入も圧倒的に差がついたんです。一方で彼は、『ふたりが生きていければいい』『なかったら親にもらえばいい』くらいにしか考えていないように感じて。お金を通して彼という人物を見たときに、彼の甘ったれたところに気づいてしまって」

典子さんは、自分が起業を通じて成長したのと同時に、男性を見る目も変わったのだと思うと話します。

夫婦関係がスムーズに続くためにこれは見逃してはいけないこと、夫が仕事をがんばってものの見方や人間関係の変化などのステージが上がっても、妻はママ友の愚痴と現在の生活レベルの不満ばかりの日々で一緒に上がって来れない。

そんな妻を愛せなくなったというセリフはよく耳にします。

もちろんその逆もあり。

同じ期間、一緒に過ごしているのに夫だけ、あるいは妻だけ成長してワンステージ上にのぼってしまうと、価値観のすれちがいが生まれ、心が離れてゆきます。

典子さんのお話は、具体的にそれを教えてくれています。

起業するまでの典子さんは、「自分を好きになってくれる人を好きになるタイプ。自分の価値を低くとらえていて、これくらいでいいやと思うクセがあった」と言いますが、起業をしてからは、夫が自立できていないことに不満を感じるようになってしまったのです。

「それに、つきあってから年月もたって、相手も私への愛情が冷めていたんですね。私、思ったんです。『お金もないのにセックスもしないなんてどういうこと!?』って。だって、私が外で稼いできて、それで一緒に暮らすなら、家ではホスト的な役割をしてほしいじゃないですか（笑）」

こうして、典子さんのほうから別居を提案して家を出て、そのまま29歳で離婚をすることになりました。

ただ、彼のことを思いだしながら典子さんはこんなふうにも話してくれました。

「出世欲や自立心はなかったけれど、でもやさしくていい人だったんですよ。それに、彼のなかでは変わろうとがんばっていたのかもしれない。私が起業して、どんどん前に進んでいくスピードに、彼がついてこられなかっただけかもしれません。あのまま結婚を続けていたら、私が不倫をして、慰謝料をとられていたのかも。どのみち離婚していたと思うんです。だからあそこで別れてよかったです」

妻側のステージアップについてきてくれなかった夫、いや、妻の成長に同調できなかった夫を切り離した妻、典子さんの1婚終了の判断は大正解！

「次こそは！」妥協できなかった30代

29歳でバツイチとなった典子さんでしたが、離婚後はやはり、さみしさもあったと言います。

「自営業で、兄弟もいないし、すべてひとりでやらなきゃいけない。さみしくて、苦しい思いはしました。でもそれでも、離婚して整理がついたことへの安堵感のほうが上回っていましたね」

この言葉もバツイチの女性からよく出てくる言葉です。

住居はせまくなった、収入も減った、何かさみしい。

でも、とっても気持ちがいい。

何なのこの安堵感は！

この感情は「経験してみないとわからない」独特の感情でしょう。

私はよくわかります。

希望を与え合えない相手と共存するよりはいっそ、離れてみる。

ゼロから生活が立て直し可能になる。

途中から立て直して成功できるか、ゼロから立て直したほうがいいかのジャッジをする眼力が必要です。

まさに大手術です。

ちょこちょこばんそうこうを貼っても、またすぐに膿んでくる。

ならばメスを使って大手術。

傷の回復に時間はかかりますが、膿が出なくなる。

痛いけど、ああ、スッキリ。

典子さんは続けます。

それでもまだ29歳、次は慎重に相手を吟味して、きちんと仕事のできる人とつきあいたいと思った典子さんは、その後数人の男性とおつきあいをします。

デートをすれば相手の仕事への考え方や経済的な面などを細かく見る。

そして何度か、結婚の話も出たのだと言います。

でも、結局は結婚まで至らないということが繰り返されるのです。

「いろいろな人と出会うたびに、どんどん見る目が厳しくなっていってしまったんです。本当に尊敬できる人じゃないとダメだと思って。まわりからは、『妥協しないとムリだよ』と言われたけれど……」

ここもおちいりがちな罠。

世間って何？　世間って誰？　です。

超仲良しの友だちも世間です。

世間の意見に流されてはいけません。

仲良しの友だちが、世間があなたの幸せの責任を持ってくれるのか。

頼れるのはオノレのみ。

仲良しの友だちの意見など癒やしとして受け止めるにとどめ、絶対にしたがうべからず。

そうこうしているうちに30代が終わってしまいました。

それでも妥協をせず、この人はと思う王子さまに出会うまで待ったことが、典子さんにステキな出会いをもたらしてくれることになるのです。

その出会いは、典子さん43歳のとき。

エネルギッシュでアクティブな彼女の趣味は海外旅行、それもバックパッカーとしてあちこちを飛びまわる旅を好んでいたとのことですが、あるとき、ひとりのアメリカ人男性からインターネットを通じて典子さんに連絡が届きます。

「バックパッカーなどの旅行者の間で使われている、『カウチサーフィン』というネット上のコミュニティがあるんです。これは旅行先で、家のカウチ＝ソファーを寝るために提供してくれる人と、提供してほしい人とを結ぶサイトなんですが、そこを通じて、泊めてほしいと連絡が来たんです」

典子さんもそこに登録していて、旅行者へのソファー提供をしていたんですね。

ところが、典子さんは「女性限定」にしていたそうなのです。

当然、男性ひとりを泊めるわけにはいきません。

「だから断ったんですけど、そうしたら『ではお茶でもいかが』と返事が来て。これを見て『ナンパ野郎だ！』と思ったんですけど、まあ、せっかくの縁だしお茶だけならいいかと思って会うことにしたんですね。私はこのころ、経営していた会社もいったん整理して閉じて、充電期間のような日々を送っていたので、時間はあったんです」

このときにはまだ、相手に対して彼氏や結婚相手候補として見る気持ちはまったくなかった典子さん。

海外旅行が趣味なだけあって、候補には日本人だけでなく外国人も入っていたのですが、「ナンパ野郎」という印象では、まず対象外ですよね。

ところが会ってみると、その印象は少し変わってくるのです。

「会ってお茶をしてみたら、話が面白くて、知性がにじみ出てくる。つい盛り上がって、夕食まで突入して、終電で帰ることになりました（笑）。でも、相手は観光客。すぐに国に戻ってしまうし、しかも年齢は32歳。私より11歳下なんですよ。その前に日本に観光に来ていたフランス人とつきあったことがあって、すぐ遠距離になってしまって心が離れたことがあったので、もう同じパターンはこりごりだと思っていたから、恋愛対象には入れないつもりでいたんです」

相手に多少の興味は持ったものの、この日にはまさか、その相手と結婚することになるとは思ってもみなかったのです。

ダーリンは外国人！　駆け足で国際結婚へ

「カウチサーフィン」を通じて出会い、お茶をしたふたり。

彼は翌日もまた典子さんをランチに誘います。

ですが「この人はない」と思っていた彼女はその日は断ったそうです。

ところが、なんとまた、その翌日のお誘いが来るのです。

「今度は歌舞伎のお誘い。歌舞伎なら私も興味があるし、いいかなと思って行くことにしたんです。そうしたら彼、すごくいい席をとってくれて。しかもブラックカードでチケットを買ってたんですよ。歌舞伎の後で食事をして、話していても頭がいいことはわかるし、いったいどういう人なんだろうと思って」

それでもまだ、恋愛対象としての期待は抱いていなかった典子さんでしたが、なんとさらにその翌日も会うことになったのです。

「今度は築地。観光地巡りにつきあう気分ですよね。そんなこんなで、彼が日本に来てからずっと私が一緒に行動するような感じになったんです。そして出会ってから5日後。居酒屋で飲んでいるときに、彼が突然『びっくりしないで聞いて。あなたのことが好きになっちゃった』と言い出したんです」

突然の告白に驚いた典子さんでしたが、相手は旅行中という非日常的な気分のなかでつい盛り上がって言ってしまったのだろうと、このときは冷静に考えて「そういう関係にはなりたくない」と話したそうです。

ただ、すでに意気投合していたふたりは、その後も会い続け、彼はついに典子さんの家に宿泊することに。

「結局、彼に男性としても人としても魅力を感じてしまっていたんです。それで男女の関係になってしまって。3〜4日くらい家に泊めて、彼が帰る日のこと。荷物をパッキングしながら彼が、話があるって言うんです。聞くと、『僕たちの関係はどうするの?』って。私は、『1年後に遠距離恋愛をしているんだったら、やっていくつもりはない』と話したんですけど、彼は『できるだけがんばってみよう』とあれこれ考えてくれたんです」

彼は、その4カ月後にまた休みがとれるので、来日することを約束してくれたそうです。

さらに、帰国後もこまめにメールや電話をくれたのだそう。

そしてあるとき、こんな話が出たのだそうです。

「彼が電話で、『どうやったら一緒にいられるかを考えたんだけど、僕が日本に移ろうと思う』

と言ってくれたんです。それから日本での仕事を探してくれて。でもアメリカにいながらの就職活動はなかなかうまくいかないんですよね。企業側も、本当に来るのかという不安がある。そんなこともあって『だったら結婚してしまおうか』という話になって。1日考えて、結婚を決断しちゃいました」

このときはまだ、典子さんは相手の学歴や収入などは何も知らなかったのだそうです。

それでも、「相手の誠実さ、いい人であること、知性があることはわかっていた」ことから、それほど迷いはなかったのだそう。

それに、歌舞伎の日に見たブラックカード。

経済的に困っている人なら、持てませんからね。

「そんなこんなで結婚を決めて、2月に彼が日本に来てくれて、そこで初めて彼のレジュメを見たんです。そうしたら、学歴も職歴も超エリート。彼はエンジニアなんですが、ここまでエリートだとは正直思っていなかった、というレベルだったんです」

つまり、典子さんは相手の学歴や職歴、肩書きといったものよりも、誠実さや自立心、知的さなど、内面的なものを見極めて、この再婚を決めたということ。

こうして、ふたりの新婚生活が始まります。

私が第3章で述べた、スペックなんて気にしているといい出会いを見逃すという教訓がここで証明されました。

典子さんは自立したひとり暮らしをしていて観察眼もできていた。よって彼がボンビーな不良ナンパ野郎ではないと察知できました。ひとつ間違えると、またヒモ夫を選ぶことになります。

人を見る目は、オノレの姿勢によって鍛え上げられます。

次の王子さまを見つけるには、オノレの生活スタイルを見直し、感性を研ぎすませておかないと、ダメ王子さまを引っ張ってしまうことになります。

「えー！　またヒモ夫じゃん……」となるのは、オノレの責任。

修行が足りていません。

私、アゲマンになります！

29歳で離婚してから10年以上、「この人は」と思う相手に出会えるまで妥協せずにきた典子さんの再婚。

ついに王子さまに出会え、幸せな夫婦生活を手に入れることができたポイントは、3つあります。

ひとつめは、一度めの結婚から得た自分の「相手に求める基準」は崩さないこと。

そして、自己価値を高く持っておくこと。

そして3つめは、視野を広く持ち、ひとつめの基準以外の面では無欲でいること。

典子さんの場合は、自立していて、ひとりの大人として尊敬できる人物であるかどうかが重要でした。

とくに起業経験がある典子さんにとって、そこは妥協できない点です。

会社を動かして事業を成功させていくなかで、自分の価値を高く見られるようになった典子さんだから、次の結婚では「妥協」という言葉を寄せつけなかったのです。

でも、それ以外は、日本人に限らず外国人も含めて広い視野を持ち、肩書きや収入の額を細かくチェックはしなかった。

その無欲さが、幸運を引き寄せたのかもしれませんね。

「出会ってから、結婚までに顔を合わせたのは9日間（笑）。うまくいかないって、みんな思いますよね。でも日数は関係ないと思うんです。結婚して今1年半がたちますけど、本当にこの人と再婚してよかったと思ってます」

とうれしそうに話す典子さん。

結婚が決まったときには、彼はまだ日本での仕事も見つかっておらず、自分が稼いで家計を支

えようと思っていたそうですが、

「彼にはそれまでに稼いだお金があって、困ることはなかった。1年かけてじっくり仕事を探して、今はもうバリバリ稼いでくれています」

ということで、典子さんは現在は専業主婦をやりながら、また新しい事業を始めようと着々とがんばっています。

これからのことを、彼女はこんなふうに話します。

「これから3年は、ダンナをもっとリッチにするためにとことんサポートしたいと思っているんです。私は経営者経験もあってパワーもある女。こうなると、パートナーとなる男性は落とすか上げるかの二択になってしまうんです。相手が私のパワーに押しつぶされてダメになってしまう可能性もある。でも私は彼の力を信じているから、その力を上げるほうへと努力できるんです」

現在は、忙しい彼にお弁当を作ったり、励ましのメールを送ったりしているとのことですが、最も重要なのは「彼を100%信じること」だと言います。

やれると信じて、さらにチャレンジできる土台を作ってあげること。

家で自信をチャージして、外で戦う、そんなサイクルを作っていきたいと典子さんは話してくれました。

妥協せずにじっくり相手を探し、ここぞと思ったときにはすぐに決断。

そうして手に入れた再婚生活で、「アゲマンになる！」という目標を持って進む典子さん。

こんなふうに過去の経験を土台にしながら、さらに上へ上へと進もうとする意識が、幸せを引き寄せるのではないでしょうか。

2婚め、3婚めに突入する決意をした方は、ぜひこの「アゲマンになる」宣言は真似してください。

アゲマンになるために何をすればよいかを行動に落とし込み、なまけることがなければ再婚はアゲアゲになります。

アゲマン志向を持て。

アゲマンになるための行動を決してなまけるな。

第 5 章

2婚、3婚、「堂々再婚」でアゲていく、女の人生

これから2婚、3婚に挑むみなさんへ。
これまでの結婚経験をふまえて、
どのような心がまえが必要か？

次の王子さまと幸せな結婚生活を送るために、
今からやっておくべきことをお伝えします！

「世間評価」に負けない「自己評価」を持つ！

「私は1回失敗しちゃったし……」

「バツイチの女なんて選んでくれる人、いないんじゃないかな」

バツあり女性にありがちなのが、そんなふうに離婚経験を自分のマイナスのようにとらえてしまうこと。でもね、そんなネガティブなメンタリティでは幸せはやってきません。モテる女性は、いつだって自己評価を高く持っています。

幸せをつかむ人は、「私は幸せになっていいんだ！」と思っているから、つかめるんです。

「とはいえ、やっぱり世の男性は、バツのついた女性よりも、まっさらな女性のほうがいいんじゃないの？」

そんな声も聞こえてきそうですが、じゃあそれは、誰が言っているんですか？　あなたの男友だちですか？　男性の同僚や上司？　また出てきた、世間というやつ。

そうではないですよね。あなたのことを「バツがあるからダメ」「おばさんだからダメ」「子どもがいるからダメ」と思っているのは、世間ではなくあなた自身ではないでしょうか。

仮に、そんなことを言う男性がいたとしたら、あなたがその人を選ばなければいいだけです。

まずは、自分をヨイショして堂々再婚のステージに上げてください。恋愛において、自己評価はとても重要です。あなたのまわりに、そこまで美形でスタイルよしではないのになぜかモテる女性っていませんか？　あるいは、そこまでイケメンでも稼げるわけでもないのにモテる男性。そういう人はたいてい、自己評価を高く持っている人です。〝自分成績表〟が5段階の3以上。これはナルシストということではなく、「自分は幸せになってもいい」と思えているかどうかということです。

自己評価が低い人、〝自分成績表〟に1と2あるいはCしかついてない人は、気になる人や、ちょっといいなと思う人が目の前にあらわれて、話しかけてきたときにも、「私なんか好きになってくれるはずはない。この場限りの会話だ」という前提で接してしまいます。でも、自己評価を高く持っている人は、「これはチャンス！」ととらえることができるのです。話しかけてくれたことをキッカケに、次につなげる行動を無意識にすることができるんですね。心のなかで「おっ！　この人、なんかいい。また会いたいな。会えるよ。私、成績いいもん」とすぐに肯定して、次回、彼と会っている様子をイメージしたりできるのです。

共通の話題を探すなど、どうしたら自分に興味を持ってもらえるか考えながら、相手とコミュニケーションをとることができます。これは「次がある」と信じることができるからです。

きっと次回は、天井が高いおしゃれ店でかわいいラテアートのカフェ飲んでる、という映像がツルッと頭に浮かぶ。すると自分から誘うこともできます。

「かわいいクマさんが浮かんでるラテって見たことあります？」的なきっかけ会話を速攻言えてしまう。

でも、「私なんか……」と自己評価を低く持ってしまっている人は、「次の展開」を信じることができません。

クマさんアートのラテを出す店を知っていても、今、目の前にいる人とは行くことはない。私は女友だちとしかおしゃれなカフェに行けないモテない女……。

アホか！

ですから、チャンスを逃してしまうんですね。

美人でもイケメンでもない、若くもない人がモテている理由は、自分にはちゃんといいところがあって、幸せになる権利があると思えているから。

チャンスをつかみにいく、メンタル的な土台ができているからなんです。

みんながよろこびそうな場所や情報を知っているというのも、自己評価が高ければモテ武器として、どんどん露出する。

一緒に行きたければ誘う。

低ければ「こんな情報しょぼいから言わなくてもいい。言ったら恥をかく」ととらえてしまう。チャンスを遠ざける。もったいないです。

また、自己評価の低い場合は、ファッションやメイクにも手を抜きがちです。

「モテないのにがんばってもしょうがない」というふうに考えてしまいがちなんですね。

それではやっぱり、モテません。

ブランド物で身を固めたり、いつもバッチリ気合いを入れたメイクをしたりする必要はありませんが、「どうしたら自分がステキに見えるか」を考えてオシャレを楽しんでください。

あなたがモテないとしたら、それはバツありだからではなく、自分成績表に1と2とCしかつけないから。恋愛落ちこぼれ感覚が、さらにあなたを幸せから遠ざけてしまう。

そのことを、まずはしっかり頭に入れておいてくださいね。

中学も高校も、成績が悪かったら居残りでクラスのみんなについていけるように勉強します。

オノレの恋愛感覚、結婚引き寄せ能力が平均値より低いと考えているなら、反省して居残り勉強すべし、と言いますか、気づくべし。

あなたは、一度選ばれた女性です！

もうひとつ、自分成績表の悪い人は、肝心なことを忘れています。それは、「あなたは一度選ばれた女性である」ということです。小学校で言うなら学級委員や美化委員に選ばれた的な……。一度は、男性から「この人と結婚したい！」「一緒にいたい！」と思われたからこそ、前の結婚があったのです。モテてるじゃないですか。

そのときのことを思いだしてください。なぜ、あなたは選ばれたのでしょうか？　そんな話をしたことがあるなら、それを思いだしてください。コイツと結婚したい、一生守ってやりたいとまで思わせた、あなたの魅力はなんだったのでしょうか。

「おまえといると癒やされるから」「一緒にいると元気が出るから」「おまえが笑っているところをずっと見ていたいから」

結婚当初、そんなことを言われませんでしたか？　私だってこのセリフ、3つとも全部言われた……。ウソつき……（いや、私もウソつきか。離婚とはそういうものです）、それが、あなたの魅力だったはずです。そして、結婚生活のなかで、ホメられたことやよろこばれたことも思いだしてください。

「うちの味噌汁はおいしいな。外のは味が濃すぎて飲めないよ」

「早起きして弁当作り、大変だろ。本当にがんばってくれてるよね」

「○○くんに、奥さんきれいだって言われてムチャうれしかったよ」

そんなふうに、言葉に出して言ってくれたことや、言葉に出さなくても（男性は言葉に出してホメるのが苦手な人が多いですよね！）、おいしそうにゴハンを食べてくれたり、マッサージをしてあげるとよろこばれたりなど、相手の反応がよかったことを振り返ってみましょう。

結果的にうまくいかなかったとしても、一度は選ばれて、その人によろこんでもらうことができた。それは、まぎれもなくあなたが持っている魅力です。離婚をしても、その魅力が消えてしまったわけではありません。あなたは今でも同じ魅力を持っていて、前の相手によろこばれたのと同じことを次の王子さまにもしてあげることができますよね。

それに、誰かに結婚相手として選ばれたことがあるという女性に対して、プラスのイメージを持つ男性も多いんですよ。それは、生涯をともにしたいと思わせるような魅力があるはずだ、という前提を持って女性を見るからです。一度も結婚をしたことがない人だと「男が結婚まで踏み切れない何かがあるんだろうな」と思われることはあるでしょうが、バツあり女性にそれはありません。大丈夫、一度選ばれた女性は、何度でも選ばれる可能性を持っているのです！

「男運がない」ではなく、「男を見る目が養えた！」にチェンジ

離婚をすると、とくにその理由が元夫の浮気や借金などの理由の場合、「自分には男運がない」と思ってしまう人もいます。そう思い込んで、「ダメ男に引っかかってまた失敗するくらいなら、ひとりでいたほうがいいかも」なんて、次の恋愛や結婚に尻込みしてしまう人も。

でも、ちょっと待ってください。その男運の悪さ、あなたはもう克服しているはずです。

というのも、過去の結婚で失敗したのであれば、同じことを二度やらなければいいだけの話だからです。あなたには、どんな男性がダメかを見抜く目が身についたのではないでしょうか。一度選択を誤ったからこそ、次はそういう相手を選ばないという、「男を見る目」が養われたはずです。

たとえば、借金をする夫に苦しんだのなら、次は、「ギャンブルをしているとか、異様にまわりにおごりたがるような人は要注意だな。ブランド好きも気をつけたほうがいいのかも」と、元夫の行動を分析しておけば、どういう人に注意が必要かわかるわけです。浮気を繰り返すような夫だったならば、「やさしいロマンチックな言葉を言う男性は気をつけたほうがいいのかも」と

気づくことができます。結婚したときにはそこが良かったけれど、実はそれが結婚生活の中ではマイナスに働いていた、というような項目があれば、あらかじめピックアップしておいて、次は引っかからないように注意すればOK！

ここで前章でご紹介した、堂々再婚を果たして幸せを手に入れた女性たちのことを思い返してみてください。一度めの結婚を経て、彼女たちも確実に、王子さまの選び方を変えています。最初は見た目や肩書きで選んでしまったけれど、最初の結婚を経て、自分が幸せになるためには、本当はどんな相手が良かったのかというのを、しっかり見直しているんですね。結婚相手に本当に求めていたものは何だったのかが、結婚したことでわかった。だからこそ、次の幸せを手に入れることができたのです。

見た目や肩書きで選んで、ヒドイ目にあった……という人は、次はそうでない選択基準を持てばいいだけの話です。それを持てるだけの反省材料は、もうそろっているはず。離婚によって手に入れた「男を見る目」を、使わないなんてもったいない！　そのうえ、離婚でオノレの反省点もあぶり出されている。つまり、自分も一皮むけたいい女に変わっている。かたい殻を破って出てきた、ツルンつやつやの弾力があるゆで卵女。融通がきくいい女。絶対モテる。

寄りかからず、やわらかく！

離婚経験で得た「相手を見る目」を使うと言っても、ちょっと注意しなくてはいけないのは、「条件にこだわりすぎない」というところです。

最初の結婚では条件で相手を選んで失敗したという人なら、その失敗はいかせると思うのですが、「条件にこだわる」ということは、言ってしまえば相手におぶさって生きようという心がまえから来るモノ。

実は、こういう心構えでいると、再婚はあまりうまくいかないかもしれません。

結婚相談所のツヴァイに話を聞いたところでも、「養ってもらうために必要な年収はいくら、などと相手に自分の生活を丸ごと背負ってもらうという前提で婚活をしていると、婚歴のあるなしにかかわらず、あまりうまくいかないケースが多いんです。子どものいる方ならなおさらで、『生活の安定のためだけに結婚したいのかな』と思われてしまうことも。出会うまでに相手の男性が積み上げてきたキャリアや貯金まで、全部丸ごとほしいと思うような姿勢だとむずかしいですね。それよりも、結婚後にふたりで支え合って生活を作り上げていくことを考えられるとよいと思います」とのこと。結婚の条件を考えるときには、相手によりかかるのではなく、自分が自立することを前提に、ではふたりで生きていくためには何が必要か、という最低限のラインを考えておくのがよさそうです。

また、逆に再婚がうまくいく女性の特徴として、こんなことも教えてくれました。

「自分の価値観をやわらかくしているかどうかということですね」

これは、多少相手の条件が悪くても自分がカバーすればいいという心がまえだったり、許せる気持ちがあったりする人のほうが、再婚して結婚生活をうまくやっていけるということです。でも、ツヴァイも婚歴ありの女性たちにはこんなふうに太鼓判を押してくれています。

「婚歴のある方は男性心理もよくわかっているので、多少のことは許せる気持ちの余裕を持っています。どうしても許せないところはゆずらないにしても、柔軟性のある女性のほうが、男性も安心して『この人と一緒に生きていきたい』と思えるんです」

結婚経験があるからこそ生まれた「男って、こんなときにこうしちゃうのは、しかたないよね」という理解と余裕。これを武器に、再婚活動へ立ち向かいましょう！

相手をうらまず、反省をいかすべし

新たな王子さまと出会い、前よりも幸せな結婚をするためには、離婚経験をバネにするということがとても大切です。失敗から学ぶことが大事だということは、エジソンも言っています。

「私は決して失望などしない。なぜなら、どんな失敗も、新たな一歩となるからだ！」

同じようなことを、ロックフェラーもカーネギーも言っています。さらにシェイクスピアなら、「失敗の言いわけをすれば、その失敗がどんどん目立っていくだけだ」と。

これは離婚・再婚においても同じです。離婚には、どちらが悪いということはありません。相手にも、自分にも、別れてしまっただけの理由があった。ここで、相手にうらみごとを言い続けていたら、シェイクスピアが言うように「失敗が目立つだけ」になってしまいます。

つまり、「男運が悪い」女で止まってしまうということです。

そうではなく、その失敗を新たな一歩にすることが大切です。

前の結婚で、自分がだめだったところも思い返してみましょう。

「本音でしっかり話し合うことから逃げてしまった」「感情的になって相手を責めることが多

かった」「相手が疲れていることにあまり気づけなかった」「男性のプライドを傷つけるようなことを言ってしまいがちだった」「服装や生活態度がちょっとズボラすぎた」

などなど、「これは嫌がられていたかな?」と思える行動を、いくつか思い返してみるのです。以前、『モンスターワイフ』という著書で自戒の念を含め、ダメな妻を分類しましたが、まさに自分もモンスターワイフの種があったから離婚したと思ってください。

そして、次はそれをやらない! ありのままの自分を受け入れてほしいという気持ちもわかりますが、他人の行動をすべて100%受け入れるというのは、とてもむずかしいことです。夫から見ると妻がモンスターに見えている場合もあるのです。結婚して生活をともにすればなおさらで、新婚ホヤホヤの愛し合っていたころでも、相手に対して「これはイヤ」と思ったことがひとつやふたつはあったはず。

それは相手も同じです。

私は立場的にバツゼロの女性たちに「誰か紹介してください」とさんざん言われています。

「どんな男性と結婚したい?」

「ありのままの私を受け入れてくれるひと……」

「ない! 退場!」という会話を何度繰り広げたことか。

バツゼロ女性と同じような甘っちょろいことを言ってはいけません。

ですから、過去の結婚生活を振り返って、相手はこれがイヤだっただろうなと思われるような行動があれば、その反省はふまえましょう。

つい感情的になってしまうなど、なかなか直せないようなものであれば、必ずその後に「ごめんね、いつも言いすぎちゃうんだ」とフォローを入れるようにすればOK。自分のダメだったところをきちんと理解して、次の相手には同じことでイヤな思いをさせないこと！

別れた相手へのうらみごとを言い続けるよりも、次はもっといい人を選べるということに自信を持って、過去の結婚生活のなかで自分が評価されたことも、ダメだったことも、しっかりいかすこと。それが、離婚の失敗をバネにするということです。

もう一度言います。

離婚をバネにしろ。

結婚がうまくいく人は「すり合わせ」が上手！

一度結婚した経験のある人は、ふたりの生活のなかで「こんなとき、どうする？」の答えがうまく出せることが強みになります。それだけでなく、そういうピンチの場面がどういう状況下で起こるのかも、体験からわかっているのではないでしょうか。

こういった力は、幸せな再婚をするためにはおおいに役立ちます。それを裏づけるような調査結果があるので、紹介しておきましょう。

リクルートブライダル総研が2016年に行った「離婚に関する調査2016」では、20〜60代の男女2000人に「結婚のスタート時にあったこと・深まったこと」を聞いています。有配偶者は1000人、離婚経験者は1000人という構成、大きな差が出た回答は、次のようなものでした。いずれも、有配偶者のほうが、回答数が多い結果になったのです。

▼自分の性格を理解してもらう
▼自分と配偶者の家族が親しくなる

▼相手の親族や友人を知る
▼ふたりの金銭感覚をすり合わせる
▼配偶者と自分の家族が親しくなる
▼自分の親族や友人を知ってもらう
▼ふたりの価値観をすり合わせる

有配偶者ということは、結婚生活を続けている人ということですが、結婚生活を平和に続けるヒケツがここから見えてくるのではないでしょうか。

つまり、「好きだから一緒にいたい！」という感情で突っ走って結婚してしまうのではなく、相手がどれだけ自分の性格や価値観を理解してくれるか、また自分たちだけでなく、家族やまわりの人たちとどれだけうまくやっていけるかもふまえて、結婚を決めるということです。

離婚経験者は、有配偶者と比べて、こうした「すり合わせ」が足りなかったから、離婚に至ってしまったと考えられるのです。

でも、一度離婚を経験した人であれば、この点はもうクリアできるはずです。「こんなとき、どうする？」という困った局面に至る前に、結婚生活において「こんなことが問題になってくる」ということが見えているからです。だから、次の結婚においては「すり合わせ」がうまくできるんですね。ぜひ、次の結婚ではこの「すり合わせ」を忘れずに！

自分のやりたいことを精一杯楽しむ

結婚も離婚も、幸せになるためにすること。

ですから、離婚したことにいつまでもくよくよするのはもったいないですよね。

離婚は、自分自身をリセットするいい機会でもあります。

今までにできなかったことを、思い切りできるチャンス。

何かスポーツをやってみようかなとか、音楽をやってみようかなとか、英語を勉強してみようかなとか……。

なんでもいいので、今まで手をつけていなかったことに挑戦してみてください。

目の前にある仕事に思い切り力を注いでみるというのでもOKです。

というのも、自分が興味を持ったことにチャレンジして、思い切り打ち込んでみるということが、実は再婚への近道だったりもするんです。

自分の仕事ややりたいことを大切にしている女性というのは、男性にとってはキラキラして見えるもの。

打ち込んでいるものがまわりの人から見てわかれば、

「この人はこういうことが好きなんだな」

「こういうものを大切にしているんだな」

というナチュラルなあなたのキャラクターを理解してもらえます。

そのナチュラルなあなたにひかれる男性がいれば、あなたは無理して着かざって接する必要はありませんよね。

結婚生活では、相手に対して自分の姿をごまかし続けることはできません。

それはみなさん、もう経験ずみですよね。

自分がやりたいと思うことや、自分のキャラクターを、大切にして毎日を過ごすこと。

ナチュラルなあなたを、より輝かせること。

自分を理解してくれる王子さまと出会うためには、あなた自身がやりたいことを大切に生きていくことが重要なのです。

さあ、王子さまを探しに出かけよう！

私はまだまだいける！　次の幸せを手に入れる！　そんな前向きなメンタリティを手に入れたら、次にやることは、出会いの場に飛び込むことです。

次の王子さまは、どこからともなく白馬に乗って突然あなたの元へやってくるわけではありません。あなたのほうから、舞踏会に出かけなくては、出会えないのです。そして、舞踏会に通うたくさんのお姫さまのなかから、選ばれる必要があります。選ばれるためには、どうしたら自分が魅力的に見えるか、研究と練習は欠かせません。

まずは基本。仕事をきちんとして、社会とつながること。職場では笑顔を忘れずに、たくさんの人と積極的にかかわりを持ってください。職場の人など、身近な男性にまずは「魅力的だな」と思わせる練習からはじめましょう。恋愛にまでもっていくということではなく、身なりをきちんとして、がんばっている姿を見せたり、ときには甘えてみたりしながら、男性に「かわいい」と思わせる練習をするのです。おばさんだから「かわいい」は必要ないと考えてはいけません。

もはや「かわいい」は日本の文化。

原宿ファッションや若作りというのではなく、所作と表情にかもし出す。70代のご夫婦でダンナさんに「奥さまのどういうところが好きですか」と単刀直入に聞くと「いつもキャラキャラ笑っててかわいいんだよ」と言われたことがあります。

とてもほのぼのとした気持ちになりました。シワも白髪もノープロブレム。また60代の女性と再婚した80代男性に同じ質問をしました。

「こんな若くてかわいい人が一緒にいてくれて幸せだ。見てるだけで若返る」と。50代でも60代でも「若い、かわいい」と言われる現実を頭のなかに叩き込んでください。

人数が少ない職場だったり、女性がほとんどという職場だったら、もっと外へ出て練習を積みましょう。友だちに頼んで飲み会を開いてもらったり、バーにひとりで飲みに行ってみたり、趣味のサークルに入ってみたり。また、同窓会にも必ず出席しましょうね。男性と出会える場はたくさんあります。通う場所をいくつか持っておけば、ひとつの場所だけでは出会えないような、いろんなタイプの男性と出会うことが可能です。職場と家の往復だけではもったいないです。

真剣に再婚を目指すなら、婚活パーティーに行くのもオススメです。今は婚活パーティーにもいろいろなタイプがあるんですよ。第4章に登場した絵里さんは、地方の農業男子との婚活パーティーで、お相手を射止めていましたよね。地域や職業が固定された婚活パーティーもありますし、最近では「バツイチ限定」というパーティーもあります。

そこで相手を必ず見つけなきゃ、というよりも、どういうパーティーに、どんな人が来ているのかを研究するつもりで行くのも良いと思います。たくさんの人と出会って話すうちに、「このパターンの男性は自分とは合わなさそう」「今までターゲットにしていなかったけど、この層も意外といいかも」というように、自分との相性を見極めることができたり、視野が広がったりしていきます。また、自分がどんな相手から好意を持たれやすいかというのも、出会いを繰り返すうちにわかってきますよね。

たくさんの人と出会って、まずはモテ力を磨く。そして数いる王子さま候補のなかから、自分を幸せにしてくれる人を選ぶ。

世の中の男性たちをひとまず「再婚相手としてどうか」と考えてみて、「アリかナシか」をザクザク仕分けしていくのです。電車のなかだってこれはできます。

見た目なら、自分はどんな男性がタイプなのか？　車内の人たちを見渡して、自分の好みについても考えてみましょう。そんな練習をしていると、通勤時間が気にならなくなります、むしろもっと電車で揺られていたい。

スマホなんか見ている場合ではありません。

堂々再婚のための訓練、今しなくていつするんだ。ここからは、毎日が再婚のための訓練です。さあ、外へ飛び出してください！

相席サービスもモノは試し!

最近は、男女の出会いをマッチングしてくれる、相席居酒屋や相席カフェといったお店もあります。女友だちを誘って、こうした場所を利用してみるのもよいでしょう。

人気のお店は予約なしで行くと1~2時間待つこともあるので、あらかじめ予約をしていくのがオススメです。オフィス街なら、ノー残業デーの水曜日や、金曜日だとたくさんの男性が会社帰りに寄るので、いろいろな人と出会えるチャンスです。店舗によっては、30代以上限定など年齢の設定がされている場所もありますし、街によっても来る男性の層が異なりますので、いろいろなお店に行ってみるのがよいと思います。

いい出会いを引き寄せるには、たくさんの男性を見る必要があるというのは、不動産の物件探しと同じです。1件しか見ずにその物件に決めてしまうよりも、いくつかの物件情報を見たり、実際にまわってみたりしてから決めるのが普通ですよね。

それと同じで、10人の男性よりも、100人の男性のなかから王子さまを探したほうが、「この人!」という運命の相手に出会えるチャンスをゲットしやすくなるのです。

そのためには、出会いの場を提供してくれるところをどんどん利用すること！　相席居酒屋に行ったことのある女性たちに話を聞くと、「婚活中なので、いろいろな店舗に行っています。話が合わなかったら店員さんにこっそり頼んでチェンジもしてもらえるし、いろいろな男性を見るいい機会だと思っています」「店員さんが連絡先交換のタイミングなどもフォローしてくれるし、合コンなどに慣れていなくても気軽に行けると思います」とのこと。店員さんがきちんとフォローしてくれるお店なら安心ですよね。また、なかにはこんな女性もいましたよ。

「女性は飲み放題が無料だったり、参加費も数百円で入れるので、お得に飲みに行くつもりで相席居酒屋を使っています（笑）」

いきなり婚活パーティーなどのイベントに行くのはちょっとためらってしまう、というような人でも、「お得に飲む！」つもりで気軽に行けばよいのではないでしょうか。

パーティー、飲み会では「目立たない男」にまず接近！

婚活パーティーや合コン、同窓会やそのほか飲み会などは、新たなる白馬の王子さまを見つける格好のチャンス。

ですが、ここでのふるまい方にはポイントがあります。

もちろん「ただその場にいるだけ」ではダメ。

あなたの存在感を王子さま候補たちにちゃんと感じてもらい、「ちょっと気になるかも」と思わせなければなりません。

会場でじっと男子たちを見わたし、気になる人がいたら接近してお話をするというスタンスでのぞむ人が多いと思いますが、実はそれでは不十分。

元結婚相談所のカウンセラーで、現在は仲人として活動している50代のYさんにお話をうかがうと、こんなテクニックを教えてくれました。

「まずは男性陣のなかで、もっとも地味でひかえめな人をチェックします。なかなかみんなの輪に入れていない人ですね。そして、その人に話しかけたり、飲みものを渡したりと優しく接しましょう。気をもたれない程度に『気になる女性がいたら呼んできてあげますよ』『一緒にがんばりましょう』などと声をかけながらがいいですね。そして、次はその場でいちばん目立つ男性に『おかわり頼みましょうか?』『またみんなで集まりたいですね』など気軽な感じで声をかけます」

つまり、目立つ順でいったら上と下の男を握るわけですね。

こうすることで、誰とでも屈託なくコミュニケーションがとれる、「話しかけやすい女性」のイメージを持たれることができるのです。

「男性に差をつけずに接することができるやさしい女性に、男性は安心感を覚えます。特に値ぶみされて見られるとかまえて参加することの多い婚活パーティーではそうですね。そうしたあなたのふるまいを、本命となる男性は必ず見ています」

本命の男に近づくのは、この上下の男をしっかり攻めた後で。

後日また集まったときや、帰りがけで十分です。

相手に「気になる女」と思われることが先決なのです。

ぜひこのテクニック、使ってみてください!

「再婚したい」意志をまわりに伝えましょう

再婚して幸せを手にするためには、周囲の協力は欠かせません。

ヘタに引け目に感じてバツありであることを隠したり、「どうせ無理」と誰にも頼らずにいたりしていては、王子さまをつかまえるチャンスはなかなか近付いてきません。

「いい人がいたら再婚したいな」ということは、友だちや職場の仲間など、まわりにそれとなく伝えておくのが、チャンスを引き寄せるポイントです。

というのも、あなたの状況や、再婚したいという意志をわかってくれている人がいれば、その人たちが出会いを呼び寄せてくれる可能性が大きいからです。

まわりにきちんと伝えておけば、もしかしたらあなたの知らないところで、「私の友だちに、前の結婚はうまくいかなくて別れちゃったんだけど、すごくいい子がいてね……」なんて、相性のよさそうな男性たちにプレゼンをしてくれているかもしれません。

「へえ、会ってみたいな」という男性がいたら、きっと紹介してくれるでしょう。

客観的にあなたのことを見られる人たちに協力してもらえれば、「こういう人が合いそうだな」

という人を見つけてきてくれるはず。10人に話しておけば、それぞれ3人の男性を紹介してくれたとして、30人の男性のなかから選ぶことができるわけです。

誰にも話さずに、30人の王子さま候補を自力で見つけるより、うんとラクですよね。

気をつけることは、もし再婚するなら年上がいいとか、バツイチの男性がいいとか、年齢は◯歳までとか、条件を無意識に言うべからず。

何度も言いますが、視野を広く、全方位を見すえる。白馬の王子さまはお城と森のなかを往復しているわけではありません。

2回落馬した王子さまが、水辺で傷を癒やしているかもしれません。

また、周囲に話すときには、離婚した元夫に対してうらみごとを言ったり、自分がどれだけ不幸だったかを嘆いたりなんてことはやめておきましょう。

過去を振り返ってマイナスな発言をしていても、前には進めません。

「もう終わったこと」として割り切って、離婚の話はサラッと、カラッと。

前向きに次の幸せを手に入れようとしているんだという態度を周囲に見せておけば、「応援したい」と思ってくれる人は増えていきますよ。

男を引き寄せるには、見た目もリフレッシュを！

長い間結婚生活を続けていると、ついおろそかになりがちなのが、自分の容姿への追求心です。結婚している間はがんばって外でモテる必要もないし、夫に対しても手に入れたという安心感から、ちょっとゆるんでしまう……。

でも、再婚を目指すのであれば、その「ついゆるんだ気持ち」はもう一度引き締め直しましょう！　離婚と同時に、それまでの自分はリセット！　離婚は自分を変えられるチャンスととらえて、生まれ変わってみましょうね。

ということで、ここではいくつかチェックポイントを挙げておきましょう。

▼下着は上下そろっていますか？

上下バラバラの下着をつけたり、古い下着をずっと使っていたり、ということが常習化している人は、すぐに取り替えましょう！

新しい下着を数着買って、毎日上下おそろいのものを身につけること。新しい下着をきちんと身につけるだけでも、気分を「恋モード」に持っていけるはずです。

▼気になるお肉はありませんか？

お風呂上がりに、鏡で自分の裸をチェックしてみてください。ちょっと下腹が出てしまったな、おしりがたるんできてるかな……。なんて気になるところがあれば、ジムへ行ったりランニングしたり、寝る前に筋トレしたりなどで引きしめる努力を……。といっても、すらっとしたモデル体形なんて目指す必要はありません。男性週刊誌にのっているグラビアをちょっと見てみてください。ぷにっとした肉づきの女の子もたくさんのっています。男性は、「女性らしい体つき」を求めるモノ。要は、自分が裸を見せるときに、「このお肉だけは見られたくない！」と気になってしまうような部分があるなら、それは改善しておきましょうということです。

そして前章でも伝えた「人妻」の響き。

まさにボディはものを言います。少し崩れたそこはかない色香を漂わせる人妻ボディ。

これは20代のパツパツに張った筋肉とお肌をを持った娘さんたちにはたちうちできない。

男性の好みもさまざま。そこを狙います。

▼メイクを変えてみましょう

普段すっぴんで過ごすことが多かった人なら、とりあえず外に出るときは必ずメイクをする！　アイシャドウや口紅の色を変えてみる。かわいくチークを入れてみる。シミのお手入れにがんばってみる。ちょっとメイクを変えて、まわりを「あれっ？」と思わせてみましょう。ファッション誌などで、最近流行りのメイクを研究しておくのも◎。派手なメイクにする必要はありませんが、自分の顔と向き合って、どうしたらキレイに見えるかを追求する気持ちが大切です。眉毛だけとか睫毛だけとか髪の色だけとか1点だけも変えると女性は雰囲気が変わります。ガラっと変える勇気がないなら、少しずつ変えてゆく。

3カ月後には「あれ？　最近きれいになったね」という評価が聞こえるはず。

▼ムダ毛の処理もきちんと！

足や腕など、人の目に触れる部分だけでなく、脇やアンダーヘアもきちんと処理しておきましょう。とくに結婚生活でおろそかになりがちなのがアンダーヘアの処理。「まいっか」となってしまいがちですが、いざというときに「パンツからはみ出していた」なんていう悲劇を引き起こさないためにも、きちんと処理しておきましょう。ムダ毛をしっかり処理しておくことも、自分の気持ちを恋愛モードに持っていくことにつながりますよ。

ここ数年では「美魔女」という言葉が流行り、若く見せることに強くこだわる人もいますが、そういうギラギラ感は必要ありません。

あくまでも、あなたが今持っている魅力をいかして、気づかうべきところは気づかうこと。服の上からも、服の下も、「いつ男性から見られても大丈夫か」という視点で総点検。いつ王子さまがあらわれてもいいようにしておきましょうね。

「別に、今、王子さまがいるわけじゃなし、今夜セックスするわけじゃなし、できてからでいいじゃない」

この意識が間違っているのです。

セックスするためにムダ毛の処理をするのではありません。

毎日、自分の身体を気づかっている、性器官もおとろえさせるわけにはいかないという心がまえのことを言っています。

デイリーの心がまえが生きる姿勢に映し出される。

ボーボーをきれいに整えたら、誰かに見せたくなるかもしれない。

たかがアンダーヘアと思うなかれ。

「私はいつもシースルーの服と下着を着ている」と思う女性はセクシーアピールもできています
（注：私は性の専門家なので追記しますが、ボーボーが好みという男性がいます。それはおつきあいが始まってから軌道修正してください。あくまでも「堂々再婚」するための心がまえとしてボーボー問題を語っています）。

カラダのなかの「女」を目覚めさせよう！

離婚した女性によくあるパターンが、結婚生活の後半から夫とのスキンシップがなくなっていたというもの。つまり、男性とのカラダの関係がしばらくないというケースですね。それゆえに、いざ次に好きな人ができたときに、自分のカラダに自信が持てなかったり、「ちゃんとセックスできるのかな」と心配になってしまったりする人も多いのです。

「痛くないの？」「ちゃんと濡れるの？」「ゆるんでないの？」「黒ずんでないの？」など。

男女の関係において、セックスはとても重要ですから、これはきちんと考えておかなければいけません。自信がなくなってしまっているのなら、取り戻しておかなくてはいけないのです。もう一度自分のカラダと向き合って、セックスを楽しめる準備をしっかりしておきましょう。

数年セックスをしていないと、次に挿入をしたときに痛みを感じてしまうこともあります。いわゆる、セカンドバージンという状態になってしまうわけですね。この不安から、次をためらってしまう人もいますが、この場合はセルフプレジャーグッズなどを使ってケアしておくことをオススメします。膣内に挿入して使うアイテムも、今は挿入しやすいサイズのものなど、多種多様にそろっています。かわいいデザインのものもたくさんあります。もちろん、自分の指を使ってもOKです。

いざというときに濡れるかどうか心配という人も、ひとりエッチをすることで改善することはできます。まずは自分が気持ちいいポイントをきちんと再確認しておくこと。ひとりエッチでいろいろなところを刺激していくことで、感度を上げることもできます。ローションを使ってみるのもいいでしょう。お風呂やベッドでリラックスしながら、少しずつ自分のカラダの「女」の部分を再度目覚めさせていってください。

また、ひとりエッチをして性的な快感を得ることは、美容や健康においてもメリットがあるのです。性的な快感を得ることは女性ホルモンの分泌を促すため、お肌にハリが出てきますし、オーガズムを感じた後には副交感神経が優位になって、リラックス効果を得てしっかり安眠することもできます。

ひとりエッチのメリットはたくさんあります。

実は脳のセクシースイッチがオンになっていないと、セックスなどしたくありません。つまり性的妄想を恥ずかしがらずにできる脳を取り戻しておく必要があります。

そのためにひとりエッチで鍛えるのが大切。離婚経験者はセックスレス期間が長すぎて性的なことを想像する能力が落ちまくっています。

「どうでもいい」となっていると、堂々再婚の障害になります。現実と切り離さなければセクシースイッチはオンになりません。

ひとりエッチがこっぱずかしくてやってらんないという人は、そこが問題です。性的妄想をして、脳を現実世界から切り離す練習はひとりエッチが一番近道。

仕事のことや、子どもの保育園バッグの中身のことなど頭に浮かんだとたんセクシースイッチはオフになりますから。

ひとりエッチもできないバツイチ女性に告ぐ！

いざというとき、王子さまがよろこぶか？　妄想ができるようになっておきましょう。官能映画を見るもよし。エッチ動画を見るもよし。レディコミを読むもよし。セックスは文化だ。

私など、上野駅にあるピンク映画館に昼間から通って、脳を鍛えています。

ウッフン。

きちんとカラダを磨いておいて、男性を受け入れる準備ができれば、次の恋愛にも積極的になれるはず。それに、カラダの部分で自信を取り戻しておくことで、女性はもっともっとキレイに魅力的になっていくものです。そして脳のセクシースイッチも必ず意識することです。

スイッチを入りやすくするためのひとりエッチは恥ずかしいことではありません、自分を磨くための大切な行為。ぜひ試してみてくださいね。

「チョイ妻行動」で男ゴコロをくすぐる！

バツあり女性の武器のひとつは、「チョイ妻感」であるということは、第3章でお伝えしました。ちょっとした場面で見せる家庭的な雰囲気や、相手を気づかう行動が、その「チョイ妻感」です。男性に「この人と一緒にいたいな」と思わせる強い武器ですね。

理想の男性をつかまえるために、この武器を、日常生活のなかできちんと使うようにしましょう。第3章では、冷蔵庫にあるものでパッと料理を作ったり、弱っている男子に温かい飲み物を用意したり……という行動を例に挙げましたが、日常でできるチョイ妻行動にはこんなものもあります。

▼必要なときに必要なものを差し出す

誰かが飲みものをこぼしてしまったときに、すぐにティッシュを出してふいてあげる。職場で誰かが書類や資料を探しているときに、すぐに見つけて差し出す。お客さんが来たときに、言われる前にすぐお茶を用意する。風邪気味の人にのど飴をあげるなど、相手が必要としているものを察知してすぐにそれを差し出す、といった気配りは、チョイ妻感の重要ポイント。もし彼ができたなら、お風呂上がりにバスタオルをさっと差し出してあげたり、ソファでうとうとしている彼に毛布をかけてあげたり……なんていう行動ができれば、男ゴコロにササります！

▼話を聞いてあげる

「私が私が！」ではなく、相手の気持ちを読みながら行動できるのも、一度結婚した人の武器です。仕事で苦しい思いをしている人や、何かイヤなことがあったのかな？　という表情をしている人などには、「何かあったの？」と話を聞いてあげる大人の余裕を見せましょう。ただ耳を傾けて、「そうなんだ」「大変だよね」と相づちを打ちましょう。ひたすら聞き役に徹することのできる包容力に、男性は思わず甘えたくなってしまうはず。最後は「でも、いつもがんばっていてすごいなあって思いますよ」とホメてあげることも忘れずに！

上級者になると相手の「ひとりにしてくれ」オーラを察知します。今はほっといてほしいけれど、○時間後にはかまってほしくなるはずと。

▼片づけは率先して

誰かの家でパーティーをしたり、バーベキューに行ったりというときには、あと片づけを率先してやりましょう。テキパキと片づけをしながらも、「今日は楽しかったね」「またやりたいなぁ」なんて感想を言いながら、ニコニコと。イヤイヤやっているのではなく自然にカラダが動いていた、という感じがいいですね。

男性は「こんな奥さんだったらいいな！」と思うはずです。

▼年下女性にやさしくする

男性だけでなく、女性に対しても気をつかえたり、ちょっとお世話をしてあげたりできるのも、チョイ妻行動のひとつ。職場では、年下の女性が困っているときにフォローしてあげたり、疲れている子には声をかけてあげたり、という面倒見の良さを発揮してください。

注意すべき点は、この「チョイ妻感」は、「所帯持ちっぽさ」とは異なるということです。過剰に人の世話を焼くというのは、所帯じみた感じがしてしまいます。あくまでもやりすぎずさりげなく見せる気づかいや包容力が、「チョイ妻感」のキモ。

結婚するなら家庭的な女性がいい、という男性は多いですが、それでも尻にしかれたいとは思っていないはず。ほどほどのあんばいで、チョイ妻行動をとれるようにしてくださいね。ほどほどのあんばいがわかるには、周囲の観察をしてみることです。

押しつけずわざとらしくないセンス。

そういう人を見たら真似をしてみる。

成功者はまず真似からはいると言います。

センスは真似から。

バツありのさみしさをちょっぴり見せる

離婚してひとりで自立して生きている、その強さは男性には輝いて見えるものです。でも、強すぎてしまうのも考えもの。「この人はずっとひとりでも大丈夫そう」と思われてしまうと、恋のチャンスはちょっと遠のいてしまいます。

バツあり女性が身にまとって美しいのは「けなげ」な強さです。けなげにがんばっている姿に、男性は「俺が幸せにしてやりたい！」と思うのです。

では、そのけなげさを見せるにはどうしたらいいか。

もちろん、基本は自立して仕事をしっかりやること。自分の好きなことに打ち込むこと。このベースができたなら、ときどき「さみしさ」も表現できるようになりましょう。

「最近気を張りすぎて、ちょっと疲れちゃったかも」「たまに、誰かに頼りたいなあって思っちゃうことも、あるんだよね」「ひとりでごはん食べてると、ちょっとさみしくなっちゃうことがあるんだ」なんて、ちょっとした弱さを見せるのです。子どもがいる人なら、「休みの日に子どもが出かけちゃうと、ちょっとさみしいんだ」なんていうのもアリ。ちょっとだけ弱さを見せたら、ほどほどのところでその話は切り上げるのもポイントです。離婚がいかにつらかったかとか、再婚したくてたまらない、というような、リアルな重い話やせっぱつまった話はNG。ギャグっぽく言うのもいいですね。

「前のクセでゴハンを作りすぎちゃって、つい食べすぎちゃうの（笑）」

「昨日、ふいにさみしくなってSiriとずっとしゃべってた！」

なんて、カラッと明るいトーンで。こんなふうにちょっとだけ弱さを見せたら、「聞いてくれてありがとう。あんまり人には言えなくて」と笑顔でお礼を言って切り上げましょう。

男性はここで、「離婚つらかったんだろうな」「本当はもっと甘えたいんだろうな」と想像する。相手の気持ちを想像する、ということは、その人に興味を持つということにつながっていきます。ここで相手の気持ちを想像できない男性なら堂々再婚のステージに上げてはいけません。リアルに全部を吐き出すのではなく、ちょっとしたさみしさを見せて自分に興味を持たせたところでストップ。これで、男性の興味をぐっと自分に引き寄せて、「守ってあげたい人」に持っていくことができますよ。前述のあんばいといい、気持ちをチラ見せする駆け引きといい、堂々再婚に持ち込むのはいろいろむずかしい？　いえ、ゼロ婚女性ですら結婚しづらい現代ニッポンの現状。

むしろ、経験値があるから分がある。ポジティブにとらえて優位性を有効活用してください。

子どもの好きな場所にどんどん人と出かけよう

子どもがいることで、再婚ができるかどうか不安だと思っている人も多いかもしれません。

でも、ママが幸せになることは、子どもにとっても幸せなこと。思春期の子や、まだママに甘えたい子にとっては、反発したくなったりさみしい気持ちになったりすることもあるでしょうが、きちんと子どもと向き合って、子どもを幸せにする気持ちを持っていれば大丈夫、わかってくれる時期は来ます。子どものことをないがしろにして、合コン三昧、彼氏とデートというのではダメですが、子育てをきちんとしたうえで、出会いを求めるのはおおいにアリだと思います。

出会いを探すのであれば、子どもが好きな場所に、いろいろな人と出かけてみるのもアリだと思います。ボーリングやゲームセンター、遊園地やテーマパークなどなど。男の子なら、スポーツ観戦やアウトドア系のイベントなどもいいでしょう。ちょっといいなと思う人がいたら、「子どもを野球観戦に連れていってあげたいんだけど、私くわしくなくて……。つきあってもらえないかな」なんて誘ってみてもいいですね。

再婚する相手には、いずれにせよ子どもとうまくやってもらわなければいけないのですから、王子さま候補たちとは最初から子どもと一緒に会ってしまうというのも手です。

王子さま候補に子どもがいても最初から会うのです。ただ、ここで「お父さんとしてどうかな」なんていう目で、相手を細かくチェックしないことです。子育て経験のない男性に、いきなり「お父さんになってもらう」のはムリな話です。子どもと一緒に過ごしてもらう相手には、ムリに話を合わせようとしたり親のようにふるまってもらったり、なんてことをいっさい期待しないこと。相手にも、「あんまり気をつかわないで、楽しんでね」と言ってあげてください。

子どもにも、相手の男性にもそれぞれ楽しんでもらうことに徹しましょう。

今40代で3歳の子どもがいるバツイチ男性がいます。親権と養育権を自分が持っています。毎週日曜に都心の子どもの遊び場で子どもを遊ばせていると、同じく毎週、親子二人でそこに来ているバツイチ女性と出会いました。なんとなく会話がはずみ、子どもたちも仲良くなりました。

4人でファミレスに行ったり、子育ての悩みを話し合ったりしているうちに恋が芽生え、お互い助け合おうということで男性のほうが同じマンションの別フロアにお引っ越し。

ここから先はもう予測できますね。堂々再婚は二人の子どもがエンジェル役を担ったわけです。エンジェルたちは大よろこびです。あなたが子どもを思う気持ちを理解してもらったうえで、「一緒にいたい」と思ってくれる相手を見つけてくださいね！　子どもがいるので堂々と再婚なんてできるわけがないと決めつけないで。子どもがエンジェルになる場合もあるのです。

新たなパパとは「信頼関係」をきっちり作る

シングルマザーの再婚では、子どもと新たなパパとの間できちんと信頼関係をつくることが大切です。でも、信頼関係は結婚前や結婚と同時にすぐできるものではありません。むしろ、新しい環境のなかで時間をかけて徐々につちかわれていくものではないでしょうか。

ですから、再婚にいたる前に「子どもにまだ信頼されていないから、結婚はムリ！」と判断してしまう必要はありません。小学生の娘を育てながら10年のシングルマザー歴を経て、元職場の同僚と再婚を果たした40代の女性が、こんなことを言っていました。

「再婚にあたって重要視したのは、私と夫との信頼関係を築くことです。よくも悪くも、ひとりに慣れてしまって、それまではいろんなことを私ひとりで決めてきました。でも、再婚してからは、なるべく夫になんでも相談するように気をつけています」

これはとても大切なお話です。新しい夫と子どもとの間に信頼関係をつくってもらおうという面に一生懸命になりすぎてしまうのではなく、大切なのはママと新しいパパとがどれだけ信頼し合っているかです。もちろんこの女性、「再婚しても、私の娘への愛情はなんら変わることはないということを娘には何度も伝えました」とのこと。

あなたのことを愛し続けるママが、心の底から信じて頼れるパートナー、それがあなたの新しいパパになるのよ。新しくパパになる人は、ママを不安にさせたり、ないがしろにしたりするような人ではなく、必ずママを幸せにしてくる人なのよ。

子どもに対して、そうまっすぐに言える関係を、新しい夫ときちんとつくっておけば、子どもは安心なのです。ですから、新たな白馬の王子さまを見つけた！　と思ったら、まずはあなた自身がその人を「信頼できるかどうか」という目線できちんと見てください。

子どもに会わせるというところにたどりつく前に、あなた自身が相手に不安なく、信じることができるかどうかなのです。

そのキモをつかんでおけば、シングルマザーの幸せな「堂々再婚」が実現するのです。

子どもがいてもいなくても、誰でもいつでも新たな白馬の王子さまに出会い、幸せになることは可能！　これは、一度は誰かとまっすぐに向き合い、日々をともにしてきたみなさんだからこそ、可能なんです。

堂々と胸を張って、再婚でもっともっと幸せになりましょう！

おわりに

この本を書きながら、昔々の結婚式の光景を思いだしてしまいました。

たしかにあの日は幸せでした。

白いウェディングドレスのスカートがボリュームたっぷりでズッシリ重い。

ハイヒールのかかとがやけに高く、歩きにくくてヨタヨタする。

そんな私をしっかりささえながら隣でほほえんでいる花婿。

お姫さま抱っこをしてくれた腕のなかで「ヒューヒュー!」という歓声を聴きながら幸せの絶頂感を感じたあの日。

そして、何年か経過し、鬼の形相で離婚届を握りしめたあの日。

幸せの絶頂感を感じた日に、戻りたい。

タイムスリップしたいと思いながら、できなかった自分に悔しさを感じました。

そして、「この先どうなるの?　ひとりで子育てできるの?」と、今度は不安の絶頂感。

まさに天国と地獄。

相手に怒り、自分に怒り、途方に暮れる私を支えてくれたのは子どもの笑顔であり、仕事であり、ママさんサークル仲間でした。

こうやって、あのとき「支えてくれたもの」と、数えただけでも3つ以上出てきます。

1婚めがうまくいかなくて絶望的になっているあなたも、まさに今、ひとりで子育てしながら大変だなと感じているあなたも、「支えてくれるもの」を数えてみてください。

両親、友だち、保育園の先生、職場の同僚……きっと複数言えるはずです。

「支えてくれるもの」がひとつでもあれば人生上々。

あとは自分の気力しだい。

自分の気力がより一層上がる方法が、「次の王子さまを見つけること」と私は断言したいのです。「子どもが生きがい」「仕事で手いっぱい」でほかの世界に目が向けられない状況もあるでしょう。

私にもそういう時期があったのです。

しかし視点を変えて、地獄からの脱出は成功。

今や満面の笑み。

奇跡の生還。

「愛」は魔法の雫《しずく》です。

「へ、ちゃんちゃらおかしい。愛だの恋だの結婚だの、生きていくのに必要ない。てか、無理。もうおばさんだし」などと笑い飛ばさないでください。

小さいころ、絵本を読んで「王子さまってほんとにいるのかな。会いたいな」と純粋に思った気持ちをおばあちゃんになるまで持ち続けましょう。

一度や二度失敗したからと、「愛」に背を向けるのはもったいない。

愛されることで人はやさしくなります。

そして、愛することでそのやさしさは2倍になります。

するとまわりの人もハッピー。

毎日がおだやかで楽しい。

気持ちもカラダも若返る。

いいことだらけ。

その愛する対象を、今、探さずしていつ探すのでしょうか。

白馬の王子さまが見つかることで、毎日に彩りが与えられるのはうすうす気づいていることでしょう。

だから自信をもって、次なる王子さまを探すのです。

いや、すでに近くにいるのに心を閉ざして見ないふりをしている方もいるかもしれない。

もう一度言います。

「愛」は魔法の雫です。

人生後半がガラリと変わります。

そのカギを握っているのは、次なる王子さましかいません。

自分の気持ちを整理し反省点を改善し、きちんと生きていけば見ていてくれる人がきっといる。


信じてください。

白馬の王子さまは何度でもあらわれるのです。

二〇一六年十二月

二松まゆみ

本書をまとめるにあたり、ライターの大西桃子さん、WAVE出版編集部小田明美さんに大変お世話になりました。この場を借りてお礼申し上げます。

二松 まゆみ（ふたまつ・まゆみ）
恋人・夫婦仲相談所 所長（すずね所長）・執筆家
元4万人の主婦ネットワークによるマーケティング会社経営。現在は夫婦仲、恋仲に悩む女性会員1万3000名を集め「結婚・再婚」を真剣に考えるコミュニティを展開。対面・スカイプ相談で悩みを聞いている。
「理想の結婚」「堂々再婚」「セックスレス」「ED」のテーマを幅広く考察。恋愛・夫婦仲コメンテーターとして活躍中。講演、メディア取材多数。20代若者サークルも運営し未婚世代への結婚アドバイスも好評。日本性科学会会員。ED診療ガイドライン作成委員。セックスレス改善に定評がある。昨今、超年下男性との二度目の再婚を堂々と実行する。結婚の酸いも甘いも壮絶体験した事実をもとに「恋と結婚と性に悩む女性」に的確な指示を出す。著書に『夫婦の「幸せ循環」を呼ぶ秘訣』『モンスターワイフ』（講談社刊）、『きっかけさえつかめば3週間で人生が変わる』（光文社刊）、『抱かない男の見分け方』（スターツ出版刊）、『40歳からの女性ホルモンを操る53の習慣』（扶桑社刊）ほか多数。

恋人・夫婦仲相談所 http://suzune.net/
すずね所長ドキドキブログ http://suzune.net/blog/

堂々再婚
何度でも結婚できる技術
2016年12月27日 第1版第1刷発行

著者 二松まゆみ
発行者 玉越直人
発行所 WAVE出版
〒102-0074 東京都千代田区九段南4-7-15
TEL：03-3261-3713／FAX：03-3261-3823
振替：00100-7-366376
E-mail：info@wave-publishers.co.jp
http://www.wave-publishers.co.jp
印刷・製本 中央精版印刷

NDC916 190p 19cm
ISBN978-4-86621-035-3